Índice

SECCIÓN 1: EDITOR DE TEXTOS 2
- Clase 1.1: Crear un nuevo documento de Word 3
- Clase 1.2: Entorno de Word 6
- Clase 1.3: Escribiendo nuestro primer texto 10
- Clase 1.4: Formato del texto 12
- Clase 1.5: Estilos de texto 18
- Clase 1.6: Formato del párrafo 23
- Clase 1.7: Portapapeles 29
- Clase 1.8: Grupo edición 32

SECCIÓN 2: ELEMENTOS QUE NO SON TEXTO 33
- Clase 2.1: Insertar nuevas páginas 34
- Clase 2.2: Como crear una tabla 37
- Clase 2.3: Editar las tablas creadas 40
- Clase 2.4: Utilizar ilustraciones en nuestro documento 43
- Clase 2.5: Insertando otras ilustraciones 47
- Clase 2.6: Insertar textos como objetos 50
- Clase 2.7: Agregar y utilizar complementos o plug-ins 53
- Clase 2.8: Vínculos y referencias 54
- Clase 2.9: Índices 58
- Clase 2.10: Otras referencias 60

SECCIÓN 3: FORMATO DE PÁGINAS 63
- Clase 3.1: Formatos predefinidos para el documento 64
- Clase 3.2: Formato del fondo 66
- Clase 3.3: Modos de visualización 69
- Clase 3.4: Encabezados y pies de página 72
- Clase 3.5: Disposición de la página 75

SECCIÓN 4: ACCIONES FINALES 78
- Clase 4.1: Comentarios y control de cambios 79
- Clase 4.2: Corrección ortográfica y gramatical 83
- Clase 4.3: Imprimir el documento 87
- Clase 4.4: Atajos de teclado 90

Sección 1: Editor de textos

Esta primera sección (o capítulo) del libro, la vamos a dedicar a aprender a usar Word en su forma más básica, como un editor de textos, de modo que, de forma muy resumida, lo que vamos a aprender es a escribir texto en Word y a aplicar formato sobre dicho texto, sobre los párrafos que componen los textos y sobre nuestro documento en general, es decir, aplicar modificaciones visuales sobre el texto para que no quede plano y monótono, a la vez que mantiene un orden, de modo que luego dicho documento sea fácil de leer.

Para empezar este primer capítulo del libro, vamos a ver la pantalla de Word según abrimos el programa, nombrando todos los elementos que vemos en la pantalla, y realizando una breve descripción de los mismos, lo cual servirá como un pequeño glosario del entorno de Word.

Una vez identificados los elementos con los que vamos a interactuar en la utilización del programa, pasaremos a utilizarlos para realizar una de las funciones más básicas, sencillas y fundamentales de Word: crear y editar textos y modificar los formatos de dichos textos.

No hay ninguna regla establecida para aplicar un formato a un texto, por lo que no hay formas de hacerlo bien ni mal, pero lo que debemos intentar es mantener una coherencia: por ejemplo, si es un libro lo que estamos escribiendo, no poner el título de un capítulo de color verde y con un tipo de letra, otro título en verde pero con otro tipo de letra, y otro título en azul y con otro tipo de letra, o si es un informe podemos usar los formatos para llamar la atención sobre las áreas más importantes del documento:

También, a lo largo del capítulo, veremos algunos atajos de teclado que nos servirán para utilizar de forma más ágil los comandos que más veces nos hará falta repetir, y que en cuanto empieces a utilizar con algo de frecuencia, te olvidarás de que hay otras formas de acceder a dichas funciones además de los atajos de teclado:

Sección 1: Editor de textos

Clase 1.1: Crear un nuevo documento de Word

Para crear un documento de Word tenemos que pulsar sobre el icono del programa, o si no sabemos dónde está buscarlo desde el menú de Windows (esquina inferior izquierda de la pantalla) escribiendo "Word" y pulsando sobre su icono.

Cuando abrimos el programa nos aparece una ventana como la que sigue:

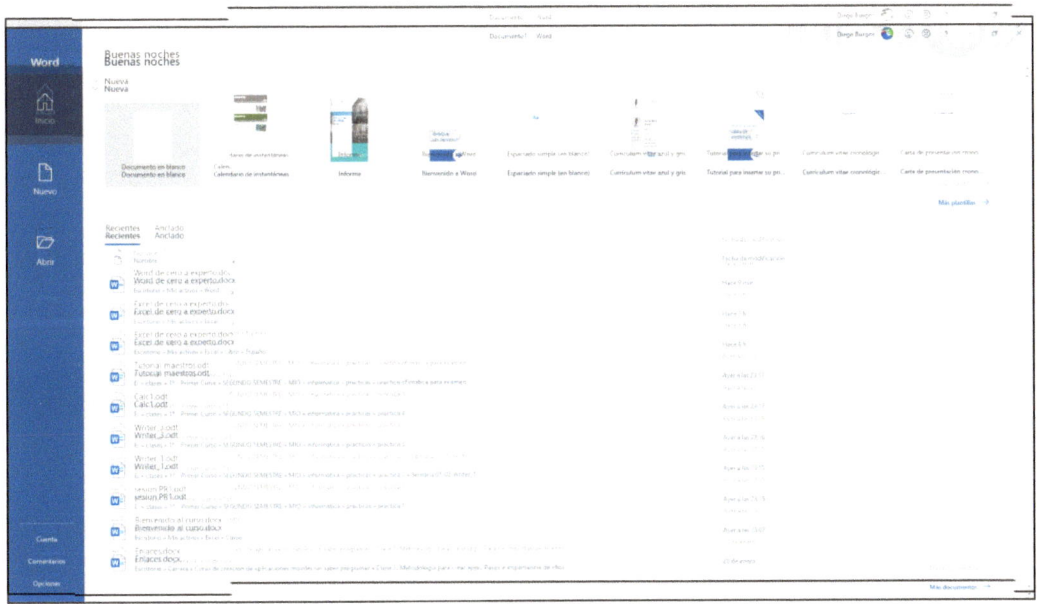

En esta pantalla se nos muestran varias opciones antes de crear nuestro documento de Word:

- **Plantillas**: En la parte superior nos aparecen varias plantillas, es decir, documentos con un diseño específico que nos ofrece Microsoft para que podamos utilizar y ahorrarnos el tiempo de crearlo nosotros mismos desde cero, adaptándolo a nuestras necesidades específicas. Por ejemplo, si estamos haciendo un currículum, podríamos buscar una plantilla de un currículum y rellenarla con nuestros datos. Para ello, si desde esta misma pantalla vemos una plantilla que nos guste la seleccionamos, y si no pulsamos en "Más plantillas". Cuando encontremos una plantilla que nos guste pulsamos sobre ella, y se nos muestra una previsualización, una descripción y quien ha creado dicha plantilla (en la mayoría de los casos será Microsoft Corporation). Si nos

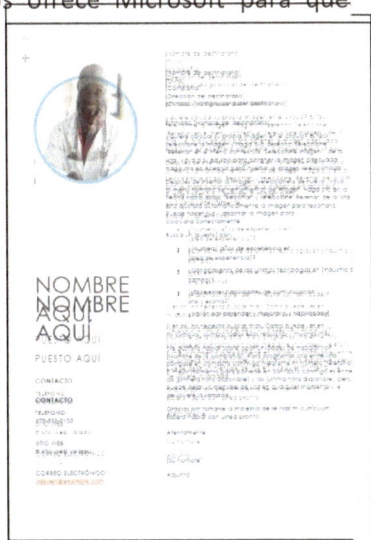

Sección 1: Editor de textos

gusta pulsamos en "Crear", y se creará nuestro documento igual a la plantilla que hemos elegido. Ahora, solo nos queda sustituir los datos genéricos de la plantilla por los datos que nosotros queramos introducir, que, volviendo al caso del currículum, sería introducir nuestra foto, nombre, experiencia, datos de contacto, etc., pero no nos hace falta pensar en que colores poner al documento o como estructurarlo, ya que eso ya está hecho por la plantilla, nosotros solo nos tenemos que centrar en el texto.

- Documentos recientes. Ocupa toda la parte central de la pantalla. Desde aquí podemos ver una lista con los últimos documentos que hemos abierto, para ahorrarnos la tarea de tener que buscarlos en caso de que queramos continuar trabajando con ellos.

- Documentos anclados. Esto lo podemos usar para fijar a esta pantalla de inicio documentos que usemos con mucha frecuencia, por ejemplo, si todas las semanas tuviésemos que hacer o modificar un informe de gastos, pero no nos aparece como recientes, lo podríamos anclar para no tener que buscar su ubicación cada vez que queremos abrirlo.

- Abrir documentos. En la parte de la izquierda, empezando por arriba tenemos "Inicio", que es la opción que hemos estado viendo por defecto, justo debajo tenemos "Nuevo", que nos sirve para crear nuevos documentos en blanco o a partir de plantillas, y debajo suyo tenemos "Abrir". Esto nos sirve para buscar documentos que tengamos guardados en nuestro ordenador (o en carpetas de red o en la nube). Una vez que encontramos el documento pulsamos dos veces con el cursor sobre él y se nos abrirá en el mismo estado en que lo guardamos anteriormente (o en el estado en el que nos lo hayan pasado o lo hayamos descargado)

- Cuenta. Se encuentra en la parte inferior izquierda de la pantalla, y nos sirve para gestionar configuración relacionada con nuestra cuenta de Microsoft. Desde aquí también podemos cambiar los colores con que se muestra el programa. Pulsa en el desplegable de "Tema de Office" y selecciona otro color para ver a que me refiero. Luego puedes volver a dejarlo como estaba inicialmente o quedarte con otro tema si te gusta más. Muchas de las personas que pasan muchas horas usando este programa utilizan un tema oscuro, gris o negro, ya que dicen que cansa menos la vista, pero esto es simplemente cuestión de gustos. Estos colores se pueden cambiar de nuevo en cualquier momento desde la ficha "Archivo", volviendo a entrar a este menú de "Cuenta", no queda determinado al momento de crear el documento.

- Comentarios y opciones. Se encuentran en la parte inferior izquierda de la pantalla, debajo de cuenta, y sirven respectivamente para valorar nuestra experiencia usando Word y para configurar opciones avanzadas del programa, a las que de momento no vamos a entrar.

Para crear un nuevo documento en blanco de Word, estando en esta pantalla de bienvenida, tan solo tendremos que pulsar en "Documento en blanco", y se nos creará nuestro documento directamente, sin una vista previa, ya que no hay nada que mostrar, tan solo nos habrá creado una hoja en blanco.

Tras crear el archivo podremos guardarlo desde la ficha inicio (a continuación veremos lo que es una ficha) o desde la barra de herramientas de acceso rápido (también lo veremos a continuación). La primera vez que lo guardemos, Word nos pedirá una ubicación donde guardar el fichero, y a partir de entonces, cada vez que guardemos, se guardará en esa misma ubicación.

Sección 1: Editor de textos

Clase 1.2: Entorno de Word

Cuando abrimos un nuevo documento en blanco en Word, se nos muestra una pantalla como la que vemos en la imagen de abajo. Vamos a fijarnos en la imagen, y concretamente en cada uno de los 14 puntos que están señalados, para aprender a reconocer y nombrar apropiadamente cada uno de los elementos de la pantalla, ya que estos elementos (y por tanto también sus nombres) serán los mismos en cualquier documento que abramos o en cualquier plantilla que utilicemos.

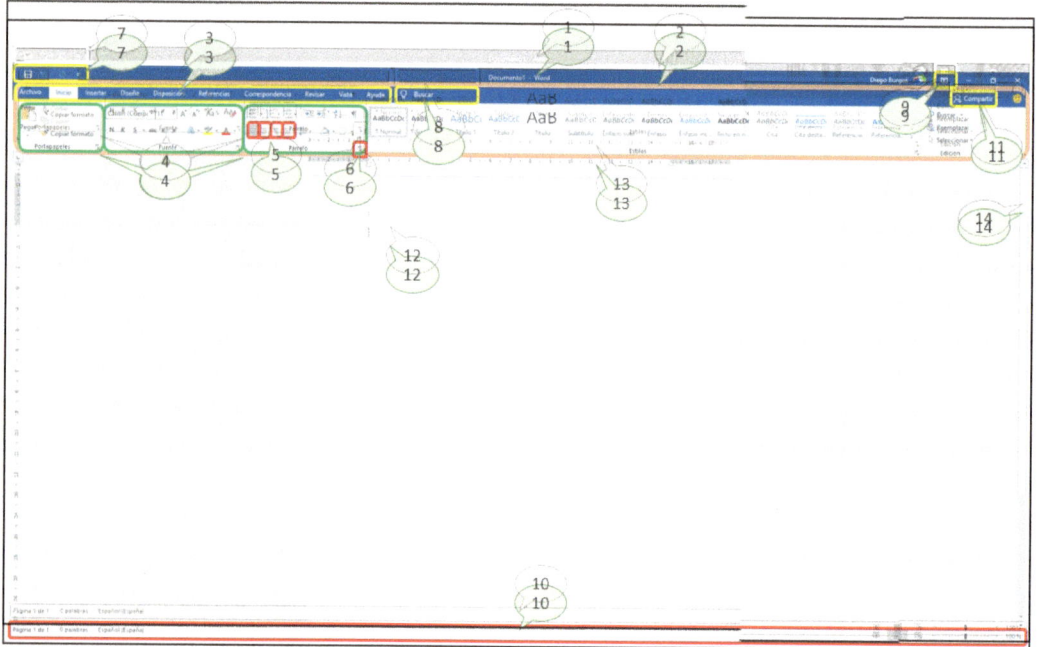

Elementos de la pantalla:

1- Barra de título: la barra de título muestra el nombre del programa y el nombre (título) de nuestro documento. Un documento nuevo tiene un título temporal (concretamente "Documento1", como se puede leer en la imagen, el siguiente será "Documento 2", luego "Documento 3"...), hasta que decidamos guardar el documento con un nombre diferente. En la parte de la derecha tenemos las opciones habituales de todos los programas de cerrar la ventana, restaurarla y minimizarla (para usuarios de Windows, para usuarios de Mac estará a la izquierda, como en cualquier otro programa). También tenemos opción de acceder a nuestra cuenta de Microsoft, en mi caso se ve que estoy conectado como Diego Burgos.

2- Cinta de opciones: la cinta se encuentra a lo largo de toda la parte superior de la ventana, contiene todas las herramientas de Word y se divide en tres partes

Sección 1: Editor de textos

que veremos a continuación: fichas de menú (a veces también llamadas pestañas), grupos y comandos.

3- **Fichas de menú**: las fichas son conjuntos de comandos, es decir, de acciones realizables con Word, que se agrupan de manera lógica según su funcionalidad. Cada ficha está relacionada con un tipo de actividad. Por ejemplo, en la ficha "Inicio" estarán los comandos más utilizados por los usuarios en general; en la ficha "Insertar" nos encontraremos comandos relacionados con insertar imágenes, tablas, gráficos, etc.

4- **Grupos**: cada ficha se compone de diferentes grupos, que contienen comandos que actúan de forma similar. Por ejemplo, en el grupo "Portapapeles" encontraremos comandos relacionados con copiar y pegar, en el grupo "Fuente" encontraremos comandos relacionados con el tamaño de la letra, el tipo de letra, el color de la letra, etc.

5- **Comandos**: los comandos son los elementos que realizan las acciones sobre el texto seleccionado o sobre nuestro entorno de trabajo. En el caso de los comandos señalados en la imagen, los cuatro están relacionados con la alineación del texto (por eso están en el grupo "Párrafo"), y sirven para alinear el texto a la izquierda, centrado, alineado a la derecha y justificado, respectivamente. Para saber qué hace un comando, podemos dejar el ratón sobre dicho comando (sin pulsar) y se nos mostrará su nombre y descripción.

6- **Iniciador de cuadro de diálogo**: si pulsamos en estos botones que aparecen en la esquina inferior derecha de algunos grupos, se abre un cuadro de diálogo que nos muestra los comandos que estamos viendo en el grupo y algunas opciones más, la mayoría de las veces con un previsualizador de cómo van a afectar las modificaciones.

7- **Barra de herramientas de acceso rápido**: aquí tenemos los comandos que se utilizan con más frecuencia, como "Guardar" o "Deshacer". Los comandos que aquí aparecen se pueden personalizar si pulsamos sobre el icono a la derecha (una flecha apuntando hacia abajo), seleccionando o deseleccionando el comando que queramos añadir o quitar a la barra; por ejemplo, podríamos añadir el comando "Imprimir", entre otros.

8- **Cuadro de búsqueda**: esto es un campo de texto donde podemos escribir palabras y frases sobre lo que queremos hacer y obtener acceso rápidamente a dichas características o acciones, o incluso obtener información de ayuda. Por ejemplo, podemos escribir "comentario", y nos aparecen acciones sobre insertar comentarios, editarlos o eliminarlos, así como obtener ayuda en la parte inferior, lo cual nos mostrará diferentes tipos de información o consejos.

Sección 1: Editor de textos

9- <u>Opciones de presentación de la cinta</u>: nos permite modificar los elementos de la cinta de opciones que se muestran en pantalla, permitiéndonos aumentar el área de trabajo. Prueba a seleccionar "Ocultar automáticamente la cinta de opciones" para ver a que me refiero, y luego para volver a la normalidad lleva el cursor hasta arriba del todo de la pantalla, pulsa click izquierdo del ratón, y de nuevo en las opciones de presentación de la cinta vuelve a seleccionar "Mostrar pestañas y comandos".

10- <u>Barra de estado</u>: nos muestra el estado del documento, como el número de página en el que estamos, el número total de páginas y de palabras, incluso si Word ha detectado errores de ortografía o revisión. En la parte de la derecha podemos cambiar entre diferentes tipos de visualización, cambiando entre la que tenemos seleccionada por defecto, al modo lectura y al modo diseño web (puedes probar a cambiar entre estos modos, pero lo veremos con más detalle más adelante en otra sección), y a la derecha del todo de la pantalla podemos modificar el zoom, tanto con los botones "+" y "-", como desplazando la barra, como pulsando sobre el número en porcentaje para introducir un valor manualmente.

11- <u>Compartir</u>: esto se utiliza para compartir nuestro documento en red con otros usuarios, de modo que podamos editar el mismo documento varias personas al mismo tiempo. Para poder hacer esto tendremos que estar conectados a una red, ya sea de Microsoft o una red local (suele ser lo más común en las empresas).

12- <u>Área de trabajo</u>: es el espacio para trabajar con el texto (donde escribimos nuestro documento), la zona en blanco que tenemos en medio de la pantalla. Dispone de barras de desplazamiento para movernos a lo largo de nuestro documento, y también se nos pueden mostrar las reglas, que delimitan el espacio donde podemos escribir (lo tratamos a continuación).

13- <u>Reglas</u>: en la parte superior e izquierda del área de trabajo se muestran las reglas (si no las tienes activadas por defecto lo puedes hacer desde la ficha "Vista", grupo "Mostrar", seleccionando la casilla de "Regla"). Las reglas muestran una escala que determina el ancho y alto de la caja de escritura, es decir, las zonas donde podemos y no podemos escribir en nuestro documento. Con estas reglas podemos cambiar las sangrías (los márgenes) y tabuladores desde el propio documento, sin tener que usar más comandos. Si miramos a la regla de arriba, os triángulos de la izquierda marcan la sangría de la primera línea (triángulo de arriba) y sangría francesa (triángulo de abajo), mientras que el de la derecha marca la sangría de la derecha.

14- <u>Barra de desplazamiento</u>: la barra a la derecha de la pantalla se utiliza para desplazarse por el documento hacia arriba y abajo, viendo las diferentes hojas del documento (barra de desplazamiento vertical), y la barra de desplazamiento de la zona inferior para desplazarse a izquierda y derecha (barra de desplazamiento horizontal), que solo aparecerá si no cabe todo el texto en la pantalla de forma horizontal (por ejemplo, si tenemos aplicado mucho zoom).

Sección 1: Editor de textos

Clase 1.3: Escribiendo nuestro primer texto

Para escribir cualquier texto en Word, tenemos que fijarnos donde está el cursor, pues es el lugar en el que aparecerá el texto que escribamos. El cursor es la pequeña línea vertical que se muestra intermitentemente en la zona superior izquierda de nuestra área de trabajo en nuestro documento en blanco (no confundir con el elemento que se mueve por la pantalla a medida que movemos nuestro ratón, eso es el cursor de ratón o puntero de ratón). A medida que vayamos escribiendo, el cursor se irá desplazando hacia la derecha de forma automática, de modo que las nuevas letras van apareciendo a la derecha de las que ya hemos escrito.

En un lugar de la Mancha

1 - Tras escribir, el cursor se posiciona a la derecha del texto escrito

Cuando ya tenemos algo de texto escrito en nuestro documento, podemos mover y colocar el cursor en cualquier parte de dicho texto, de modo que podemos modificar o añadir nuevo texto al que ya habíamos escrito. Esto lo podemos hacer con las flechas del teclado (izquierda y derecha para movernos por una misma línea y arriba y abajo para movernos de una línea a otra), o también lo podemos hacer con el ratón, moviéndole hasta donde queramos y pulsando el botón izquierdo del ratón. Cuando tenemos el cursor en la posición deseada podemos escribir normal con el teclado y lo que escribamos aparecerá donde quiera que hayamos posicionado nuestro cursor.

En un misterioso	lugar de la Mancha

2 - Tras mover el cursor de posición, podemos añadir nuevo texto

Cuando trabajamos con Word, veremos que la forma del puntero del ratón cambia automáticamente entre dos formas distintas, puede estar en forma de flecha o en forma de "I" mayúscula. El primero, la flecha, aparece cuando movemos el puntero sobre los comandos o botones en general, mientras que el segundo, la "I" mayúscula, aparece cuando movemos el puntero sobre nuestro texto o sobre nuestra área de trabajo en general, y sirve para posicionar el cursor y seleccionar texto, principalmente. Estos cambios se hacen automáticamente y son solo como ayudas visuales, no tienes por qué aprenderlo, es solo como información.

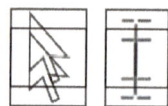

Ahora que hemos aprendido a introducir texto, conviene hablar de dos comandos que nos servirán en multitud de ocasiones de ahora en adelante: deshacer y rehacer. Estos dos comandos los podemos encontrar en la barra de herramientas de acceso rápido, en la esquina superior izquierda del programa. De estos dos comandos el que más se utiliza

Sección 1: Editor de textos

es el de deshacer, y como su propio nombre indica sirve para deshacer una acción que hayamos realizado, como escribir un texto, borrar un texto o muchas otras acciones que veremos a lo largo del libro. Para comprobar su funcionamiento, podemos probar a escribir un texto y usar el comando "deshacer" (en este caso el texto escrito desaparecería, pues hemos deshecho la acción de escribir) o podemos borrar un texto y usar de nuevo el comando (en este caso el texto que habíamos borrado aparecerá de nuevo, pues hemos deshecho la acción de borrado). Si pulsamos en la flecha junto al comando de "deshacer" nos aparecerá un desplegable mostrando las últimas acciones que hemos realizado, por si queremos deshacer varias acciones a la vez.

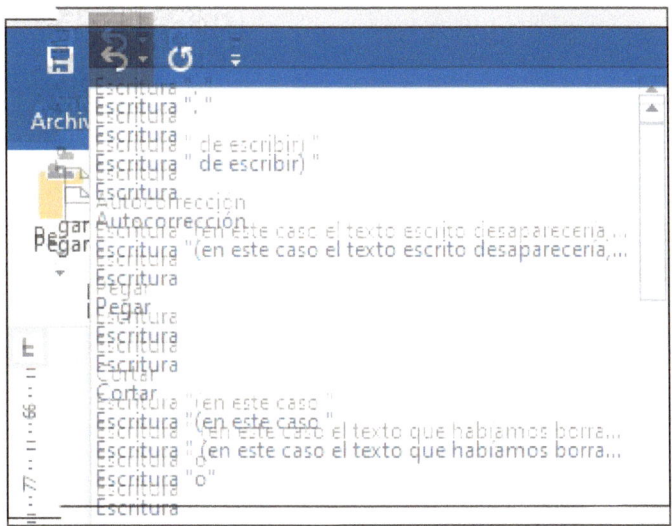

Sin embargo, aunque este comando es uno de los más utilizados, casi nunca se utiliza desde la barra de herramientas de acceso rápido, sino que se suele utilizar el atajo de teclado "Ctrl" + "Z". Un atajo de teclado es una combinación de teclas que cuando las pulsamos se ejecuta un comando, en este caso el de deshacer, de modo que pulsar a la vez las teclas "Ctrl" y "Z" de nuestro teclado es equivalente a pulsar el comando "deshacer" de la barra de herramientas de acceso rápido.

Por último, nos queda el comando "rehacer" o "repetir". Si estamos trabajando normal en Word, el comando junto a "deshacer" será el de "repetir", y lo podremos usar para repetir la acción que acabamos de realizar (por ejemplo, si estamos escribiendo un texto y pulsamos en "repetir" nos volverá a escribir ese mismo texto). Sin embargo, si en algún momento usamos el comando "deshacer", veremos que el comando al lado suyo deja de ser "repetir" y se transforma en "rehacer", y si lo pulsamos veremos que se rehace el cambio que acabamos de deshacer. Es decir, el comando "rehacer" nos sirve para revertir el comando "deshacer".

Sección 1: Editor de textos

Clase 1.4: Formato del texto

Ahora que sabemos escribir texto básico en Word, vamos a aprender a seleccionar texto y editar su formato. Para ello, te recomiendo que escribas algo de texto en tu documento para ir haciendo los cambios que vamos a mencionar. Escribe varias líneas, o copia la misma frase en varias líneas diferentes, o copia algún texto de Wikipedia (o cualquier otro sitio), ya que de esta forma no tendrás que borrar los formatos que has aplicado cada vez que pasemos a explicar algo nuevo.

Lo primero que tenemos que hacer para aplicar un formato a un texto que ya tenemos escrito es seleccionar dicho texto. Para seleccionar un texto lo podemos hacer de diferentes maneras:

- Seleccionando un texto específico con el puntero del ratón. Ya hemos dicho que podemos mover nuestro puntero del ratón a cualquier lugar de nuestro texto para posicionar el cursor, pero si en vez de pulsar una sola vez el botón izquierdo del ratón lo mantenemos pulsado y movemos el ratón, todo el texto por el que vaya pasando el puntero se irá seleccionando (el texto que estamos seleccionando queda sombreado en gris oscuro), y cuando hemos seleccionado todo el texto que queramos, entonces soltamos el botón izquierdo del ratón.

3 - La palabra "misterioso" está seleccionada

- Seleccionando un texto específico con las flechas del teclado. También hemos dicho que podemos mover nuestro cursor de posición con las flechas del teclado, y si a la vez que movemos el cursor de esta forma mantenemos pulsada la tecla "Shift" (en español se llama "Mayús", y tiene el dibujo de una flecha apuntando hacia arriba), todo el texto por el que movamos el cursor quedará seleccionado, y cuando hayamos terminado de seleccionar el texto podremos soltar la techa "Shift".

- Seleccionando líneas completas con el puntero del ratón. Si queremos seleccionar una línea completa de texto (o más de una), podemos mover el cursor a la izquierda de dicha línea, fuera del propio texto, y entonces veremos que el puntero cambia a forma de flecha apuntando hacia la derecha; entonces podemos pulsar el botón izquierdo del ratón para seleccionar esa línea al completo, o podemos pulsar y mantener el botón para mover el ratón hacia arriba o abajo y seleccionar así varias líneas, y cuando tengamos seleccionadas todas las líneas que queramos podremos soltar el botón izquierdo del ratón.

Estas tres son las formas más habituales de seleccionar texto, pero hay otras formas menos conocidas para situaciones concretas:

Sección 1: Editor de textos

Selección	Forma de seleccionarlo
Una palabra	Doble click de ratón en la palabra
Una frase	Mantener la tecla Control y pulsar con el ratón un lugar cualquiera de la frase
Un párrafo	Pulsar 3 veces con el ratón un lugar cualquier del párrafo o también Pulsar doble click de ratón a la izquierda (fuera) del texto
Un bloque grande de texto	Poner el cursor en la posición que queramos, mantener la tecla "Shift" y pulsar click donde queremos que termine la selección
Un bloque con forma libre	Mantener la tecla "Alt", hacer click con el ratón, arrastrar y soltar (prueba a aplicar un color de resaltado a la selección)
Todo el documento	Pulsar 3 veces con el ratón a la izquierda (fuera) de cualquier texto

Ahora que sabemos seleccionar texto, vamos a aprender a aplicar formato al texto que tengamos seleccionado. Para ello, vamos a fijarnos en el grupo "Fuente" de la ficha "Inicio" (por esto es importante saber lo que es una ficha, un grupo y un comando, porque cada vez que vayamos a utilizar un comando vamos a decir en que ficha y en que grupo se encuentra, así sabremos localizarlo sin problemas). Los comandos del grupo "Fuente" sirven para cambiar el formato del texto, es decir, la forma en la que se representa el texto en nuestro documento.

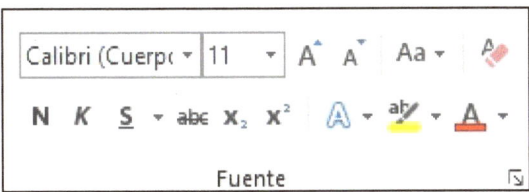

Vamos a ver todos estos comandos de izquierda a derecha y de arriba abajo, y te recomiendo que a medida que vayas leyendo vayas aplicando el formato del que estamos hablando, preferiblemente seleccionando cada vez un texto nuevo (sin formato) para ver las diferencias entre un comando y otro (recuerda que puedes dejar el puntero sobre un comando sin pulsarlo para ver su nombre y descripción):

- Fuente: es un comando de tipo desplegable, que sirve para cambiar la fuente o el "estilo" de letra del texto. Date cuenta como, si tenemos un texto seleccionado, la fuente del texto seleccionado va cambiando según vamos pasando el cursor por los diferentes tipos de fuentes, sin tener que seleccionar una para ver el resultado. Cuando encontremos la fuente que queramos utilizar pulsamos con el botón izquierdo del ratón y se aplicará automáticamente a nuestro texto.

Sección 1: Editor de textos

Figura: En un MISTERIOSO lugar de la Mancha

4 - La palabra "misterioso" tiene aplicada la fuente Algerian

- Tamaño de fuente: es un comando de tipo desplegable en el que también podemos introducir nosotros a mano el valor numérico que queramos, y sirve para cambiar el tamaño de la letra. Una vez más, si tenemos un texto seleccionado y movemos el puntero por el desplegable, veremos cómo cambia el tamaño de nuestro texto. También podemos seleccionar valores que no aparezcan en el desplegable, simplemente tendremos que escribirlos con nuestro teclado; por ejemplo, podríamos elegir el tamaño de letra 19 escribiéndolo en el cuadro. Fíjate también cómo el tamaño del cursor cambia según sea el tamaño de la fuente, indicándonos así en qué tamaño vamos a escribir.

Figura: En un misterioso lugar de la Mancha

5 - La palabra "misterioso" tiene tamaño de fuente 19

- Aumentar y disminuir tamaño de fuente: estos dos comandos sirven para lo mismo que el anterior, pero cada vez que los pulsemos el tamaño de la fuente aumentará o disminuirá al siguiente valor; por ejemplo, si tenemos seleccionado un texto tamaño 11 y pulsamos en aumentar pasará a ser tamaño 12, con otra pulsación 14, con otra 16…

- Cambiar mayúsculas y minúsculas: sirve para cambiar las letras del texto seleccionado a mayúsculas o minúsculas de distintas formas, ya sea automáticamente como Word considere que es mejor, todas las letras a minúsculas, todas a mayúsculas o la primera letra de cada palabra a mayúsculas y el resto de letras en minúsculas.

Figura: En Un Misterioso Lugar De La Mancha

6 - Toda la frase está en "Poner en mayúsculas cada palabra"

- Borrar todo el formato: cuando tenemos seleccionado un texto que tiene algún formato aplicado y usamos este comando, eliminará por completo el formato del texto, dejándonos únicamente con el texto "básico", sin formato (esto no nos sirve para eliminar el "formato" de mayúsculas y minúsculas ya que eso no es un formato como tal, es simplemente una forma de escribir).

- Negrita, cursiva, subrayado y tachado: estos 4 comandos funcionan exactamente de la misma manera, y lo que hacen es aplicar al texto seleccionado el formato negrita, cursiva, subrayado y tachado respectivamente. Fíjate que en

Sección 1: Editor de textos

- el comando subrayado hay un desplegable, permitiéndonos elegir el formato de la línea que subraya al texto.

7 - La palabra "misterioso" está subrayada con línea discontinua de color verde

- Subíndice y superíndice: estos formatos se suelen utilizar al escribir fórmulas matemáticas (por ejemplo "x" elevado al cuadrado sería x², estando el 2 en formato superíndice) o para hacer referencias a pie de página, donde podríamos añadir una nota como "Consultar pie de página número 1".

8 - El número 1 es un superíndice

- Efectos de texto y tipografía: son efectos predefinidos que nos ofrece Word para aplicar a nuestro texto y darle un formato llamativo, aunque también tenemos la opción de crear nuestro propio efecto seleccionando el contorno, sombra, reflejo, etc. Lo más habitual es usar uno de los efectos predefinidos, no crear uno propio, y se suele aplicar a títulos o textos con un tamaño de fuente más grande que el resto del texto.

9 - La palabra "misterioso" tiene aplicado un efecto predefinido de color azul

- Color de resaltado del texto: con este comando podremos aplicar un color de fondo del color que elijamos al texto que tengamos seleccionado, aunque los colores entre los que podemos elegir son bastante limitados.

10 - La palabra "misterioso" tiene un color de resaltado verde

- Color de fuente: este comando es el que nos permite cambiar el color del texto como tal, el color de las letras. Podemos elegir entre una variedad de colores, y si pulsamos en "más colores" la variedad aumenta aún más, y si cambiamos a la pestaña "personalizado" podemos elegir entre cualquier color RGB o HSL. Además, también podremos aplicar efectos de degradado al color de nuestro texto.

11 - La palabra "misterioso" tiene aplicado un color de fuente verde

Sección 1: Editor de textos

Ahora que hemos visto y aprendido a utilizar los comandos del grupo "Fuente", vamos a pulsar sobre el iniciador de cuadro de diálogo de este mismo grupo (el botón en la esquina inferior derecha del grupo fuente; en la clase en la que vimos el entorno de Word está marcado con el punto 6, pero en esa imagen está señalado el iniciador de cuadro de diálogo del grupo "Párrafo", esta vez vamos a pulsar el del grupo "Fuente"). Al pulsar, se nos abrirá una ventana como la que vemos a continuación:

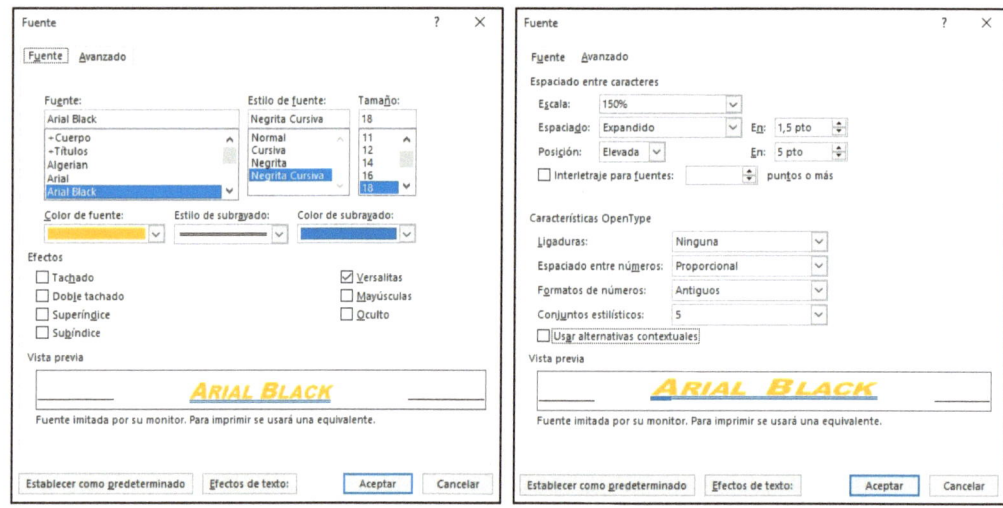

Desde la pestaña "Fuente", que es la que se nos ha abierto por defecto, podemos modificar el formato del texto de la misma forma que lo podíamos modificar usando los comandos del grupo Fuente (tamaño de letra, color, etc), y si cambiamos a la pestaña "Avanzado" podremos cambiar otros parámetros que no se pueden cambiar desde el grupo Fuente, como el espacio entre los caracteres, la posición del texto respecto a la posición habitual, etc. Lo mejor para saber que hace cada uno de estos campos es cambiarlos y ver como cambia la vista previa, aunque estos parámetros de la pestaña "Avanzado" es muy poco habitual cambiarlos, con saber como funcionan los comandos normales del grupo Fuente es más que suficiente. Al igual que antes, para que los cambios que realicemos desde el cuadro de diálogo se apliquen a algún texto, tendremos que tener el texto previamente seleccionado.

Por último, vamos a seleccionar de nuevo un texto cualquiera con el puntero del ratón, y cuando tengamos seleccionado el texto que queramos soltamos el botón izquierdo del ratón, pero sin volver a mover más el ratón de posición, y veremos que aparece un cuadro flotante junto a nuestro texto seleccionado:

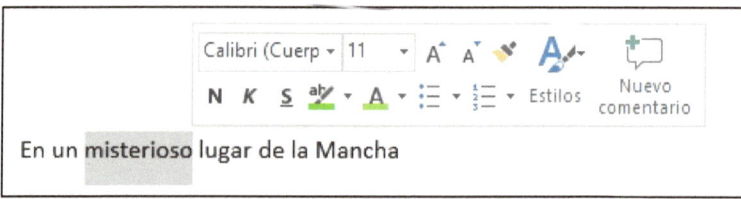

Este cuadro flotante tiene algunos de los comandos más utilizados en Word, de los cuales ya sabemos reconocer más de la mitad. Estos comandos son exactamente los mismos que los de sus respectivos grupos, de modo que si el comando que queremos aplicar se encuentra en este cuadro flotante podemos aplicarlo desde aquí para no tener que mover el puntero hasta el grupo correspondiente en la parte de arriba de la ventana.

Sección 1: Editor de textos

Clase 1.5: Estilos de texto

En la clase anterior hemos aprendido a aplicar formato a un texto, y ahora sabemos que es algo fácil y rápido, pero ¿Qué ocurre si vamos a aplicar un mismo formato de texto en varios lugares de un mismo documento? ¿Tendremos que realizar todas las acciones de aplicar tamaño de texto, color del texto, negrita, cursiva, etc., cada vez que queramos aplicar el mismo formato?

Para ponerlo con un ejemplo, fíjate en el formato del título de esta clase "Clase 1.5: Estilos de texto", o de cualquier otra clase de este libro, pues todas tienen el mismo formato: letra Arial, tamaño 16, negrita y subrayado. Aplicar este formato una sola vez no es un gran trabajo, pero aplicarlo a todos los títulos de las clases sí que supondría un trabajo considerable si lo tuviésemos que aplicar manualmente, cosa que, por suerte, no es necesario hacer gracias a los estilos de texto.

Entonces, retomando la pregunta de si los formatos hay que aplicarlos siempre manualmente, aunque sea exactamente el mismo formato que ya hemos aplicado antes, la respuesta es que no, y es justo para esto para lo que existen los estilos de texto, para "guardar" los formatos de texto que vamos a utilizar muchas veces en un documento.

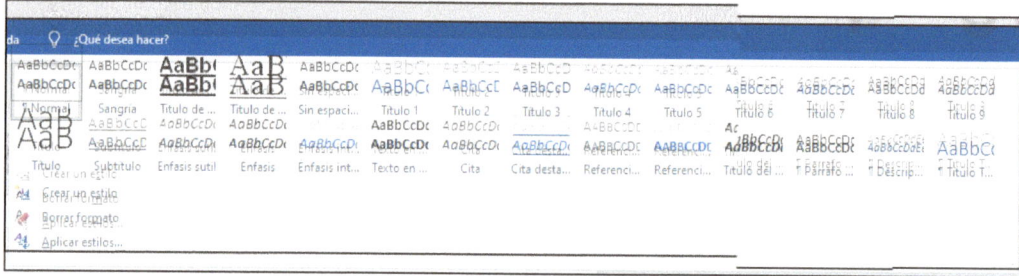

Los estilos de texto se gestionan desde el grupo "Estilos" de la ficha "Inicio", de modo que desde aquí podemos crearlos, aplicarlos, modificarlos... En este grupo vemos que, aunque nosotros aún no hemos creado ningún estilo, ya tenemos creados varios de ellos, que el equipo de Microsoft ha creado por nosotros, como el estilo "Normal" (que es el que tenemos seleccionado por defecto), "Título 1" o "Cita destacada", por nombrar alguno. Si tenemos un texto seleccionado y pasamos el puntero del ratón por alguno de estos estilos (sin pulsar), veremos como el formato de nuestro texto va cambiando (además del formato también cambian algunos otros aspectos como la alineación, pero esto lo trataremos más adelante). Si queremos aplicar alguno de estos estilos a nuestro texto simplemente pulsamos sobre dicho estilo y quedará automáticamente aplicado a nuestro texto.

Vamos a fijarnos por ahora en el grupo "Normal", que es el que tendremos seleccionado por defecto a menos que lo hayamos cambiado deliberadamente. Como ya hemos dicho, un estilo sirve para "guardar" un formato de texto que vamos a utilizar muchas veces, y la forma de conocer y modificar dicho formato es pulsando con el botón derecho del ratón sobre el estilo y pulsando en "Modificar". Se abrirá una ventana como la que vemos a continuación, en la que podemos ver, entre otras cosas, el nombre del estilo, o el formato del texto que tiene este estilo (los comandos que vemos debajo de los comandos de formato de texto son relativos a la alineación, que los veremos en la clase del grupo "Párrafo"):

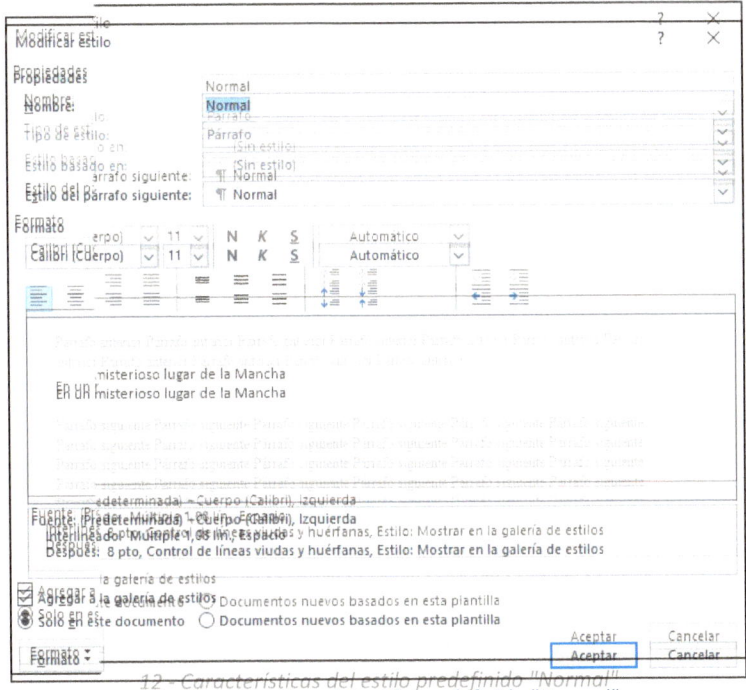

12 - Características del estilo predefinido "Normal"

Si queremos podemos modificar este estilo, pero hay que tener en cuenta que es el estilo con el que hemos escrito y escribiremos por defecto, de modo que, si lo cambiamos, todo lo que hayamos escrito hasta ahora con el estilo "Normal" y todo lo que escribamos en el futuro en este documento con el estilo "Normal" sufrirá los cambios que realicemos sobre este estilo. Para realizar la prueba, vamos a cambiar el color de la fuente a color rojo y pulsamos en aceptar. Ahora, la mayor parte de nuestro documento debería tener texto de color rojo, salvo los textos a los que hayamos aplicado previamente un color de fuente específico. Esto además nos sirve como demostración de que los estilos de texto son como una especie de plantilla: nos sirve para aplicar estilos a grandes rasgos, pero si queremos podemos modificar individualmente las características de cualquier texto, aunque tenga un estilo aplicado, como nos acaba de ocurrir con el color de la fuente, que, aunque por defecto para los textos con el estilo "Normal" debería ser rojo, lo podemos modificar individualmente para todas las palabras que queramos.

Vamos a volver a pulsar con el botón derecho del ratón en el estilo "Normal" y pulsamos en modificar, para volver a cambiar el color de fuente a automático.

Sección 1: Editor de textos

Como nota personal, a mí me gusta que la alineación del texto sea justificada, de modo que cuando creo un nuevo documento suelo modificar el estilo "Normal", escogiendo la alineación del tipo "Justificada", lo cual quiere decir que Word va a modificar automáticamente el espacio entre los caracteres de cada línea para que cada línea llegue hasta el borde establecido por la sangría (como ya hemos dicho, hablaremos de la alineación más adelante, cuando hablemos del grupo "Párrafo").

Ahora que hemos aprendido lo que es un estilo de texto y como modificar un estilo predefinido, vamos a aprender a crear nuestro propio estilo, que es lo que he hecho yo en este libro para aplicar el estilo a cada uno de los títulos de las clases. Para ello, en la parte de la derecha del grupo "Estilos", donde vemos que hay 3 botones en vertical, vamos a pulsar en el de abajo del todo, que si pasamos el puntero por encima sin pulsar vemos que se llama "Más". Al pulsar se despliega una ventana en la que podemos ver todos los estilos que tenemos creados por el momento (como veíamos hace un par de páginas, en la primera imagen de esta clase), y debajo suyo tres opciones: crear un estilo, borrar formato y aplicar estilos. Pulsamos en "crear un estilo", y en la nueva pestaña que se nos abre pulsamos en "Modificar", de modo que se abrirá una ventana como la de la imagen a continuación.

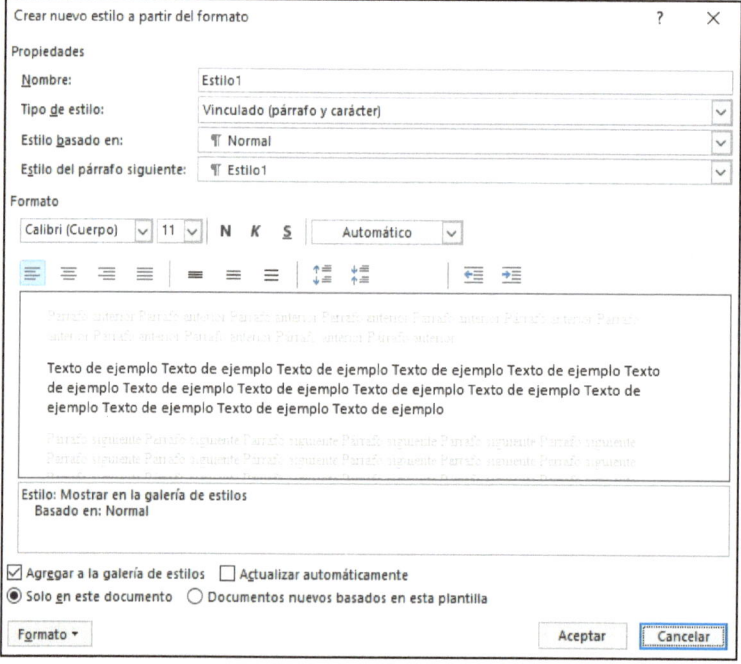

Lo primero que deberíamos modificar es el nombre, de modo que podamos identificar fácilmente el estilo una vez que esté creado y vayamos a aplicarlo (por ejemplo, en mi caso lo llamaré "Título de clase", y así lo sabré reconocer mejor que con un nombre por defecto como "Estilo 1").

El tipo de estilo se refiere a los elementos a los que vamos a aplicar el formato. Por defecto viene seleccionado "Vinculado (párrafo y carácter)", que es el que usaremos en la gran mayoría de las ocasiones, para aplicar formato a texto, pero lo podemos cambiar para crear estilos para tablas y para listas.

Estilo basado en: nos sirve para elegir un estilo que se parezca al que vamos a crear, y así tener que modificar menos cosas. Por ejemplo, si vamos a crear un estilo para títulos podríamos elegir "Título 1" y luego modificar los elementos que consideremos oportunos. Personalmente, yo no lo utilizo, ya que me parece más sencillo realizar todos los cambios manualmente sobre el estilo normal.

Estilo del párrafo siguiente: aquí podemos establecer que estilo tendrá el texto del siguiente párrafo, es decir, cuando hagamos un salto de línea. Por defecto aparece el mismo estilo que estamos creando, pero si estamos creando un estilo para títulos sería más conveniente hacer que el siguiente párrafo sea de estilo normal, ya que después de un título por lo general vamos a escribir texto, no otro título.

Formato: desde aquí podemos aplicar cambios al formato como la fuente, el tamaño, el color… Estos comandos son exactamente los mismos que hemos visto en la clase anterior, así que no vamos a repetir su utilización.

Alineación: estos comandos son los mismos que se encuentran en la cinta de opciones en el grupo "Párrafo" de la ficha "Inicio", los cuales veremos en la siguiente clase, al tratar los formatos del párrafo.

Agregar a la galería de estilos: esta casilla la dejaremos marcada siempre, ya que de esta forma el estilo que estamos creando nos aparecerá en el grupo "Estilos" para que podamos utilizar tantas veces como queramos

Actualizar automáticamente: si marcamos esta casilla, los cambios que realicemos sobre un texto con este estilo aplicado se aplicará automáticamente al propio estilo. Por ejemplo, si creamos un estilo con color de letra rojo, escribimos algo con este estilo y cambiamos ese texto a color de letra azul, entonces el propio estilo pasará a tener un color de letra azul. Es por esto por lo que no suele ser recomendable marcar esta casilla, porque el estilo dejaría de actuar como una plantilla, y cualquier texto con ese estilo aplicado sería exactamente igual, no podríamos hacer variaciones a pequeñas partes del texto.

Solo en este documento / Documentos nuevos basados en esta plantilla: debemos elegir si este estilo que estamos creando va a ser guardado solo para este documento en el que estamos trabajando o si lo queremos guardar para otros documentos, pero esto último solo es posible si guardamos el fichero como una plantilla, no como un documento. De ese modo, cada vez que abramos la plantilla podremos usar el estilo. Lo normal suele ser dejarlo como "Solo en este documento".

Sección 1: Editor de textos

Ahora que sabemos cómo crear nuestro propio estilo, vamos a ver simplemente como ejemplo mi estilo de "Título de clase":

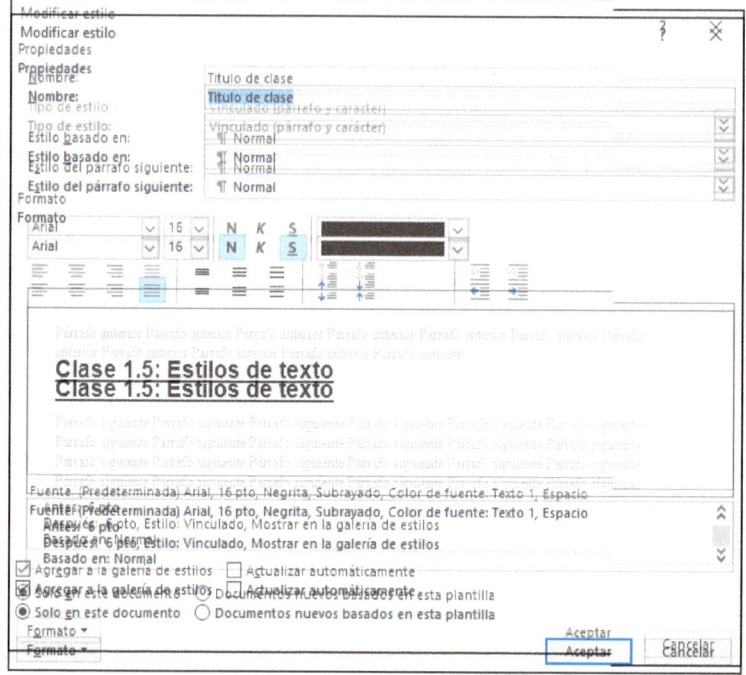

Ahora que tengo creado mi estilo, ya no me hace falta aplicar el mismo formato manualmente a todos los títulos de las clases, puedo simplemente seleccionar este estilo cuando escribo el texto y no tengo que aplicar ningún formato.

Por último, mencionar que la utilización de estilos será imprescindible si posteriormente queremos crear una tabla de contenidos en algún lugar de nuestro documento, como por ejemplo un índice al principio del documento, pero esto lo veremos más adelante.

Sección 1: Editor de textos

Clase 1.6: Formato del párrafo

Hasta ahora hemos visto como introducir texto en nuestro documento y como modificar su formato, es decir, modificar elementos visuales que afectan al propio texto, como su tamaño, su color, el tipo de letra, etc., lo cual se hace desde el grupo "Fuente" de la ficha "Inicio".

Ahora que ya sabemos tratar el propio texto, vamos a pasar a centrarnos en los párrafos que forman nuestro texto, principalmente en su posición, tanto relativa a la hoja como al resto del texto. Para ello vamos a utilizar los comandos que se encuentran en el grupo "Párrafo" de la ficha "Inicio".

Al igual que ocurría antes, será todo mucho más fácil de entender si tienes algo de texto escrito en tu documento, varios párrafos preferiblemente. Para ello puedes usar un documento que tuvieras creado anteriormente, copiar un texto de algún sitio web como Wikipedia o simplemente mantener pulsada una letra de tu teclado para crear varios párrafos (para ello tendrás que pulsar de vez en cuando la tecla Enter o Intro para hacer un salto de línea y empezar así un nuevo párrafo). Si decides copiar el texto del algún sitio, asegúrate de que no tenga formato cuando empieces a trabajar con él, seleccionando todo el texto y usando el comando "Borrar todo el formato" del grupo "Fuente" en la ficha "Inicio" (si tras borrar el formato quedan algunas palabras en color azul eso son hipervínculos, no te preocupes por ello, lo veremos más adelante).

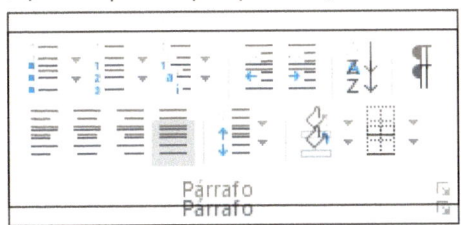

Una vez más, vamos a ver todos estos comandos de izquierda a derecha y de arriba abajo, y te recomiendo que a medida que vayas leyendo vayas utilizando el comando del que estamos hablando, y recuerda que puedes dejar el puntero sobre un comando sin pulsarle para ver su nombre y descripción:

- **Viñetas:** con este comando podemos crear una lista, marcando cada uno de los elementos de la lista con un icono que podemos elegir si pulsamos en el desplegable, como un punto, una flecha, un círculo, un "check" ... Mientras estemos escribiendo en una lista, cada vez que pulsemos intro en el teclado para hacer un salto de línea aparecerá un nuevo icono en la nueva línea, para seguir así añadiendo elementos a la lista.

    Cuando creamos una lista, se aplica automáticamente una tabulación a dicha lista, es decir, la alineación del texto se desplaza ligeramente a la derecha. Si miramos la regla de la parte superior del área de trabajo, justo debajo del grupo

Sección 1: Editor de textos

"Párrafo" podemos ver la diferencia en los triángulos de la izquierda si colocamos el cursor en una lista o en un texto normal.

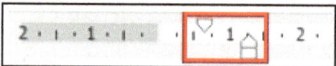

Para terminar la lista podemos hacerlo de dos maneras diferentes mientras estemos en una línea nueva: volviendo a pulsar el comando de "Viñetas" o bien pulsando la tecla retroceso (tecla de borrar), una vez para eliminar el icono de viñeta, pero manteniendo la alineación con el texto de la lista, dos veces para mantener la alineación con los iconos y tres veces para volver a la alineación del texto original.

- Numeración: crea una lista, parecido que las viñetas, pero mientras que en las viñetas los elementos que componen la lista no tienen un orden, con este comando de numeración los elementos de la lista están numerados, pudiendo elegir el tipo de numeración desde el desplegable (1, 2, 3... / A, B, C... / I. II, III...).

- Lista multinivel: crea una lista que se puede parecer a cualquiera de las dos anteriores, según lo elijamos, pero además puede hacer diferentes niveles de clasificación o subgrupos. Vamos a ver primero un ejemplo para ver lo que es y luego explicamos como se crea:

```
❖ Primer plato                    1) Primer plato
   ➢ Alubias verdes                  a. Alubias verdes
   ➢ Espaguetis                      b. Espaguetis
      ▪ A la boloñesa                c. A la boloñesa
      ▪ A la carbonara                  i. A la carbonara
   ➢ Puré de calabacín                  ii. Puré de calabacín
❖ Segundo plato                   2) Segundo plato
   ➢ Ensalada                        a. Ensalada
   ➢ Pollo asado                     b. Pollo asado
❖ Postre                          3) Postre
   ➢ Natillas                        a. Natillas
   ➢ Fruta                           b. Fruta
      ▪ Manzana                         i. Manzana
      ▪ Mandarinas                      ii. Mandarinas
      ▪ Piña                            iii. Piña
```

En esta lista multinivel tenemos 3 niveles, el primero para poner primer/segundo plato y postre, el segundo para poner las opciones a elegir de cada plato, y el tercero para poner las variaciones de los platos, si es que las hay, teniendo a la izquierda un listado con viñetas y a la derecha el mismo listado, pero numerado.

Para crear una lista multinivel como esta podemos usar el comando de lista multinivel, eligiendo que tipo de lista queremos usar, o podemos simplemente usar una lista normal (de viñetas o numerada), y pulsar la tecla tabulador para pasar al siguiente nivel y la tecla intro para volver al nivel anterior, o incluso podemos elegir directamente en que nivel escribir si ya hemos empezado la lista, pulsando en el desplegable del comando de la lista correspondiente y eligiendo "Cambiar nivel de lista".

Si queremos cambiar el tipo de viñeta o numeración que corresponde a cada nivel, tenemos que pulsar en el desplegable del comando "lista multinivel" y "definir nueva lista multinivel". Desde aquí podemos cambiar no solo el estilo del icono/número, sino también la sangría que se aplica a cada nivel.

- Disminuir/aumentar sangría: la sangría es el margen que queda a la izquierda del texto, entre el texto y el borde de la hoja, por lo que lo que hacen estos comandos es aumentar o disminuir el margen entre el texto y el borde izquierdo de la hoja. Si has elegido mostrar las reglas en la parte superior de tu pantalla, fíjate como, al modificar la sangría se mueven los triángulos de la izquierda de la regla; y es que, desde esta regla, también se puede modificar la sangría, de una forma mucho más visual.

- Ordenar: como se puede suponer por el nombre del comando, sirve para ordenar el texto que tengamos seleccionado, de forma ascendente o descendente, alfabética o numéricamente, y según otras opciones que se pueden seleccionar. Este comando es poco utilizado, ya que normalmente cuando escribimos lo hacemos en el orden en que queremos nuestro texto, y si lo queremos reordenar lo solemos hacer a mano, pero puede ser útil en algunas situaciones concretas como para ordenar una lista o una tabla.

- Mostrar todo: al usar este comando, se mostrarán en nuestro documento los elementos que nosotros hemos introducido en nuestro documento, pero que por definición no deben mostrarse como parte visible del documento, como por ejemplo los espacios o los saltos de línea o página (lo mejor será que tú mismo uses el comando para ver todos estos elementos). Todos estos elementos que se muestran ahora no son imprimibles, aunque no desactivemos este comando, y es especialmente útil cuando estamos aplicando diseños avanzados o simplemente "especiales", por ejemplo, si por algún motivo estamos introduciendo más de un espacio entre palabras, esta es la mejor forma de ver cuántos espacios hemos introducido.

- Alinear a la izquierda / Centrar / Alinear a la derecha / Justificar: estos cuatro comandos afectan a la alineación del párrafo respecto a los límites (márgenes) del documento. Fíjate en las siguientes imágenes para ver la diferencia entre estas 4 formas de alinear (izquierda, centrado, derecha y justificado respectivamente). Para documentos formales, la forma más habitual de

Sección 1: Editor de textos

alineación es la justificada, ya que al haber el mismo margen constante a la izquierda y derecha del texto aporta una mayor sensación de orden y claridad:

- Espaciado entre líneas y párrafos: desde este comando podemos modificar la cantidad de espacio en blanco que se deja entre una línea de texto y la siguiente, ya sea dentro del mismo párrafo, entre un párrafo y el siguiente, entre diferentes elementos de una lista… Cuando pulsamos en el comando, nos aparece un desplegable en el que en la parte superior aparecen diferentes números, que nos permiten modificar la cantidad de espacio entre líneas (interlineado) del párrafo en el que tenemos el cursor. En la parte inferior podemos agregar espacio antes del párrafo o quitarlo después del párrafo, esto se explica bastante bien por sí solo, y si lo quieres probar te recomiendo que lo hagas con un párrafo que no sea una lista, ya que así es mucho más fácil de ver lo que se está modificando.

Por último, podemos pulsar sobre "Opciones de interlineado", y se nos abrirá una ventana como la siguiente (es exactamente la misma venta que se abre si pulsamos sobre el iniciador de cuadro de diálogo del grupo "Párrafo"):

Sección 1: Editor de textos

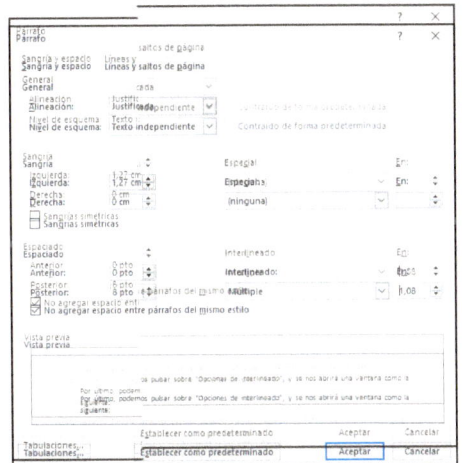 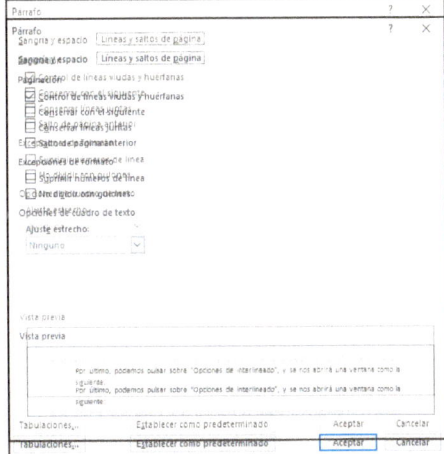

Desde aquí podemos editar todos los aspectos que hemos visto con los comandos anteriores, como la alineación, sangría e interlineado, pudiendo elegir valores numéricos concretos, no simplemente "aumentar sangría", pero sin saber cuánto. Vemos que, por defecto, está marcada la casilla de "No agregar espacio entre párrafos del mismo estilo". Las consecuencias de esto las podemos ver muy claramente en una lista, en la que por mucho que aumentemos el interlineado, si no desmarcamos esta casilla nunca va a aumentar la separación entre las líneas de dicha lista.

En la pestaña de la derecha tenemos otras opciones avanzadas, pero que no se suelen utilizar, como "no dividir con guiones", lo cual, si lo marcamos, impediría a Word dividir una palabra muy larga con un guion justo al final de una línea de texto, teniendo que escribir la palabra al completo en una línea nueva.

- **Sombreado**: este comando actúa de forma muy similar al color de resaltado del grupo "Fuente", pero en vez de aplicar un color de fondo al texto seleccionado, se le aplicará al párrafo al completo, de modo que el área resaltada con el color elegido será siempre un rectángulo, el rectángulo definido por el tamaño del propio párrafo.

- **Bordes**: este comando, al igual que el anterior, trata al párrafo como un rectángulo, y dibuja una línea a modo de borde en la zona del rectángulo que nosotros elijamos. Las opciones "elementales" de bordes son 4: encima, debajo, izquierda y derecha, y luego podemos hacer cualquier combinación entre ellas, tanto para un solo párrafo como para varios, si es que tenemos varios seleccionados al momento de aplicar este comando.

La última de las opciones que nos quedaría por ver en este grupo es el iniciador de cuadro de diálogo (el botón en la esquina inferior derecha del grupo "Párrafo", si no lo encuentras vuelve a la imagen de la clase 1 en la que nombramos los elementos del entorno de Word). Sin embargo, pulsar sobre este botón nos lleva a la misma ventana que ya hemos visto en el comando "Espaciado entre líneas y párrafos", por lo que no lo vamos a repetir de nuevo.

Sección 1: Editor de textos

Clase 1.7: Portapapeles

El grupo "Portapapeles" es el primero de todos los grupos en la ficha "Inicio" (es decir, a la izquierda del todo). Esto por sí mismo hace pensar que en este grupo se deben encontrar los comandos que con más frecuencia se usan por los usuarios en general, y efectivamente así es, aunque casi nunca se accede a estos comandos a través de los botones en el grupo "Portapapeles" de la cinta de opciones, sino que se utilizan a través de combinaciones de teclas en el teclado.

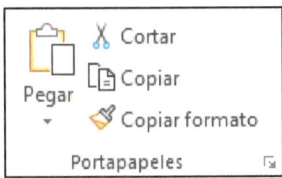

Comando Copiar ("Ctrl" + "c")

El primero de los comandos que vamos a ver es el comando "Copiar". Este comando nos permite duplicar el texto que tengamos seleccionado en otra parte del documento, o en cualquier otro documento, o incluso en muchos otros programas, sin eliminar el texto de origen. Aunque en realidad, solamente usando este comando no vamos a duplicar nada, sino que este comando es solo la primera parte para realizar el duplicado, guardando el texto seleccionado en una especie de almacén temporal llamado "Portapapeles" (la segunda parte es "Pegar", lo veremos en un momento).

Realmente con este comando podemos duplicar cualquier otro elemento además de texto, como imágenes, formas, tablas, etc., de exactamente la misma forma, y usando los mismos comandos, pero por ahora vamos a continuar refiriéndonos solo a texto para facilitar las cosas.

Para empezar, tendremos que seleccionar el texto que queremos duplicar, y después tendremos que realizar la propia acción de copiar el texto, que podemos hacer de 3 maneras diferentes:

- Con el botón del comando "Copiar" en el grupo "Portapapeles" de la ficha "Inicio".
- Con el atajo de teclado "Ctrl" + "c", es decir, pulsando simultáneamente las teclas "Ctrl" y "c" del teclado.
- Pulsando el botón derecho del ratón, y en el desplegable pulsando "Copiar".

De cualquiera de las 3 formas el resultado es el mismo, el texto ha quedado guardado en el portapapeles, aunque nosotros no apreciamos ninguna diferencia.

Comando Pegar ("Ctrl" + "v")

Sección 1: Editor de textos

Esta es la segunda y última acción que debemos hacer para duplicar un texto, usar el comando "Pegar". Este comando lo podemos usar también de 3 formas diferentes:

- Con el botón del comando "Pegar" en el grupo "Portapapeles" de la ficha "Inicio".
- Con el atajo de teclado "Ctrl" + "v", es decir, pulsando simultáneamente las teclas "Ctrl" y "v" del teclado.
- Pulsando el botón derecho del ratón, y en el desplegable pulsando "Pegar".

Hay que tener en cuenta que, para realizar la acción de pegar, antes debemos haber copiado algo, si no lo hemos hecho puede ocurrir dos cosas al intentar usar este comando:

a) Que no ocurra nada: como no hemos copiado nada, no hay nada que pegar.
b) Que pegue lo último que habíamos copiado, si es que aún estaba guardado en el portapapeles.

Tras utilizar el comando pegar, el texto no desaparece del portapapeles, pudiendo utilizar el comando pegar tantas veces como queramos, por lo que, si no queremos realizar una sola copia del texto, sino 20, no tenemos que copiar el texto 20 veces, solo lo tendremos que copiar una vez y pegarlo 20 (si usamos el atajo de teclado, podemos mantener pulsada la tecla control y solo tendremos que pulsar 20 veces la tecla de la letra "v").

Este comando pegar tiene algunas variantes, que podemos ver si pulsamos en el desplegable del botón del grupo "Portapapeles", o si pulsamos en la ventana flotante "Ctrl" si usamos el atajo de teclado, o simplemente vemos si pulsamos el botón derecho del ratón, antes de pulsar en "Pegar":

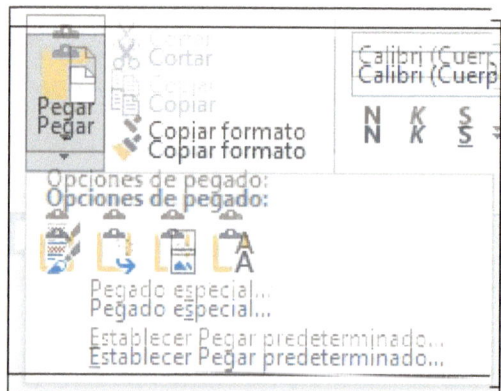

De cualquier forma, las 4 opciones de pegado son las mismas y en el mismo orden:

- Mantener el formato de origen: ignora el formato de texto que estemos utilizando actualmente, y pega el texto copiado con el mismo formato que el original.

Sección 1: Editor de textos

- **Combinar formato:** ignora el formato del texto de origen y pega el texto con el formato que estemos utilizando actualmente.
- **Imagen:** pega el texto seleccionado, pero como si fuese una imagen, de modo que no lo podemos modificar, ya que no tenemos texto que podamos editar con nuestro editor de texto, sino que tenemos una imagen, como si fuese una foto de nuestro texto.
- **Conservar solo texto:** pega el texto, pero únicamente el texto plano, sin formatos.

Comando Cortar ("Ctrl" + "x")

Ya hemos visto que para duplicar un texto tenemos que utilizar dos comandos: copiar y pegar. El comando "Cortar" también se utiliza en conjunto con el comando "Pegar", con la diferencia de que cuando cortamos un texto, el texto original se elimina, aunque lo que hemos cortado queda igualmente guardado en nuestro portapapeles, pudiendo pegarlo tantas veces como queramos. Para usar este comando también lo podemos hacer de 3 formas:

- Con el botón del comando "Cortar" en el grupo "Portapapeles" de la ficha "Inicio".
- Con el atajo de teclado "Ctrl" + "x", es decir, pulsando simultáneamente las teclas "Ctrl" y "x" del teclado.
- Pulsando el botón derecho del ratón, y en el desplegable pulsando "Cortar".

Después de haber cortado el texto, tendremos que usar el comando "Pegar", de exactamente la misma forma y con las mismas variaciones que hemos visto antes.

Copiar formato

Este comando sirve para copiar únicamente el formato de un texto, sin el contenido del texto, y así poder aplicar ese mismo formato a otro texto de forma rápida. Tras haber copiado el formato, para aplicarlo solo tenemos que seleccionar el texto de destino, sin tener que usar un segundo comando. Si queremos aplicar el mismo formato varias veces a textos no consecutivos, podemos usar el comando "Copiar formato" pulsando dos veces rápidas en el botón con el botón izquierdo del ratón (doble click), y ahora podremos aplicar ese formato de texto a todos los textos que queramos, hasta que pulsemos la tecla "Esc" para borrar el formato del portapapeles.

Volviendo al ejemplo que pusimos antes de los formatos aplicados a los títulos de las clases, si en mi documento tengo pocos títulos de clases y no voy a crear un índice, tal vez no merezca la pena dedicar tiempo a crear un estilo de texto, y simplemente sea más rápido usar el comando de copiar formato, pero si vamos a utilizar el mismo formato muchas veces es mejor no usar este comando y crear un estilo de texto.

Sección 1: Editor de textos

Clase 1.8: Grupo edición

En este grupo tenemos 3 comando que nos ayudan y facilitan las tareas de buscar, editar de forma rápida y seleccionar varios elementos de nuestro documento:

- Buscar: como nos podemos imaginar, este comando nos permite buscar textos concretos en nuestro documento, apareciendo todos los resultados de la búsqueda en una ventana a la izquierda de la pantalla; cuantas más veces se repita ese texto concreto más resultado tendremos. Es útil sobre todo si realizamos documentos repetitivos a partir de una plantilla; por ejemplo, si todos los meses realizamos un informe de gastos, en el que lo único que cambia (o casi) son las cifras, pero no el texto, podríamos usar un documento como plantilla, en el que solo cambiamos las propias cifras de gastos y el mes en el que se realiza el informe. Entonces, si estamos realizando el informe de "Abril 2021", usaríamos el comando "Buscar" para asegurarnos de que en ningún lugar del documento nos hemos dejado el mes anterior, "Marzo 2021".
Si pulsamos en el desplegable, vemos otras dos opciones de buscado, que son para realizar una búsqueda avanzada (si no ves opciones avanzadas tendrás que pulsar en el botón "Más") o para que la búsqueda nos lleve automáticamente al lugar del documento donde se encuentra el texto buscado.
- Reemplazar: sirve para cambiar automáticamente todas las ocasiones en que se repita un texto por otro texto que elijamos. Siguiendo con el ejemplo de antes, si estamos realizando el informe de "Abril 2021", podríamos usar directamente el comando "Reemplazar" para cambiar automáticamente todas las ocasiones que aparezca "Marzo 2021" por "Abril 2021".
- Seleccionar: esto nos sirve para cambiar el modo de selección del ratón. Ahora mismo, si mantenemos el botón izquierdo del ratón y pasamos por encima de algo de texto, ese texto se irá seleccionando: estamos en el modo de selección normal. Sin embargo, si queremos seleccionar otros elementos, como imágenes, formas, etc., tendríamos que seleccionarlas una a una, salvo que cambiemos el modo de selección a "Seleccionar objetos", en cuyo caso, seleccionar objetos es tan fácil como era antes seleccionar texto simplemente pulsando y arrastrando el ratón, y cuando queramos dejar de seleccionar objetos tendremos que pulsar la tecla "Esc" Este comando también nos sirve para realizar otras acciones simples, como seleccionar todo el documento, que ya hemos dicho que también podemos hacer pulsando 3 veces en el margen izquierdo de nuestro documento, a la izquierda (fuera) del texto.

Sección 2: Elementos que no son texto

Ya hemos dicho en varias ocasiones que hay más elementos que podemos crear, insertar y editar en Word aparte de texto, como pueden ser imágenes, formas o tablas, y también hay otros elementos que podemos crear o introducir, pero para los cuales no tendremos nada más que hacer que pulsar un botón, ya que Word creará automáticamente, como saltos de páginas o índices.

En esta sección vamos a aprender a trabajar con todos estos elementos, que encontraremos principalmente en las fichas "Insertar" y "Referencias", mejorando así el orden y variedad de nuestro documento, lo cual en muchas ocasiones es una gran ayuda para el futuro lector por multitud de motivos diferentes, como, por ejemplo:

- Para ayudar a estructurar nuestro documento, por ejemplo, con un índice, ya que desde el principio da una imagen al lector sobre cuál es el tema del documento, en cuantas partes se divide y donde encontrar cada una de esas partes.
- Para ayudar a mantener un orden y limpieza en nuestro documento, por ejemplo, con los saltos de página. Si estamos escribiendo un libro y no utilizásemos saltos de página, escribiríamos todo el libro totalmente seguido, sin dejar el resto de la hoja en blanco al terminar un capítulo, lo cual no solo haría difícil de encontrar el comienzo de cada capítulo, sino que nuestro libro no se vería "bonito" a ojos de ningún lector.
- Para aportar variedad y ayudas visuales, por ejemplo, con imágenes relacionadas con el tema que estamos tratando, o con esquemas o formas para ayudar a explicar un punto que es difícil de explicar con palabras. Por ejemplo, nada más empezar este libro, en la clase del entorno de Word, usamos una imagen del propio programa de Word para numerar y nombrar cada uno de los elementos que vemos en la pantalla, haciendo así mucho más fácil la identificación y explicación de cada uno de dichos elementos.

A lo largo de esta sección, en varias ocasiones haremos referencia a algún comando, pero diremos que lo explicaremos más adelante, y es que hay comandos a los que se puede acceder de varias formas diferentes desde diferentes grupos y fichas, así que no te preocupes, no es que vayamos a dejar estos comandos sin explicar, es simplemente que lo explicaremos cuando estemos hablando de otro grupo o ficha que esté más relacionado con la función que realiza el comando en cuestión.

Sección 2: Elementos que no son texto

Clase 2.1: Insertar nuevas páginas

Por primera vez en todo lo que llevamos de libro, vamos a utilizar una ficha diferente de la ficha "Inicio", que es la que se nos abre por defecto al abrir Word, y la ficha que ahora vamos a utilizar es la ficha "Insertar". Para cambiar de ficha, simplemente tenemos que buscar el nombre de la ficha que queremos abrir en la cinta de opciones en la parte superior del programa y pulsar en el nombre de dicha ficha, así que buscamos la ficha "Insertar", que es la tercera empezando por la izquierda, justo a la derecha de la ficha "Inicio" y pulsamos sobre ella. En cuanto pulsamos, todos los comandos y los grupos que vemos en la cinta de opciones habrán cambiado, y para esta clase nos vamos a centrar en el grupo "Páginas", a la izquierda del todo de la pantalla.

Cuando escribimos normalmente en Word, si escribimos lo suficiente como para llenar una página completa (ya sea con texto, listas, imágenes, tablas...), en el momento en que no cabe nada más en nuestra hoja, Word crea automáticamente una hoja más para que podamos continuar creando nuestro documento, y esta nueva hoja se crea a continuación de la hoja en la que estábamos trabajando. Sin embargo, puede haber motivos por los que queramos crear una hoja nueva sin haber completado la hoja actual, como para empezar un capítulo nuevo, o porque queremos introducir una hoja con imágenes explicativas en un lugar intermedio de nuestro documento de varias páginas:

Para introducir hojas nuevas manualmente en nuestro documento, tenemos que utilizar los comandos del grupo "Páginas" en la ficha "Insertar". Este grupo se compone de 3 comandos, que vamos a ver a continuación, pero no en el mismo orden que aparecen en el grupo, para explicar primero el comando más fundamental:

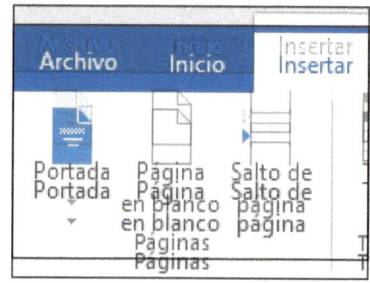

- Salto de página: si pulsamos sobre este comando se insertará una nueva hoja, y empezaremos a escribir al comienzo de la hoja que acabamos de crear. El salto de página se creará en el lugar donde tengamos situado nuestro cursor, de modo que si el cursor está en la parte inferior de nuestro documento simplemente veremos que hemos dejado de escribir en la hoja anterior y se ha creado una hoja nueva, pero si ubicamos nuestro cursor entre medias de algún texto o párrafo y utilizamos este comando, veremos que todo el texto que teníamos a continuación del cursor ha pasado a estar en la nueva hoja:

Sección 2: Elementos que no son texto

Una forma fácil de ver los saltos de página en nuestro documento es usar el comando "Mostrar todo" del grupo "Párrafo" en la ficha "Inicio". Así, cuando haya un salto de página en nuestro documento literalmente veremos "······Salto de página·······". Como recomendación, cuando estemos usando el comando de "Mostrar todo" podemos buscar los saltos de página de nuestro documento para asegurar que no estén creados de esta forma:

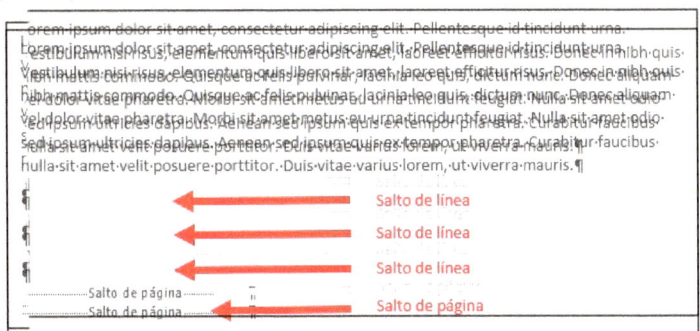

Fíjate como aquí tenemos 3 saltos de línea entre el texto y a continuación nuestro salto de página. Si usamos tantos saltos de línea y nuestro texto coincide (o casi) con el final de la página, esos saltos de línea van a crear una nueva página, y el salto de página va a crear una página más, dejando una página completamente en blanco en nuestro documento, cuando nosotros solamente queríamos seguir escribiendo en una página nueva:

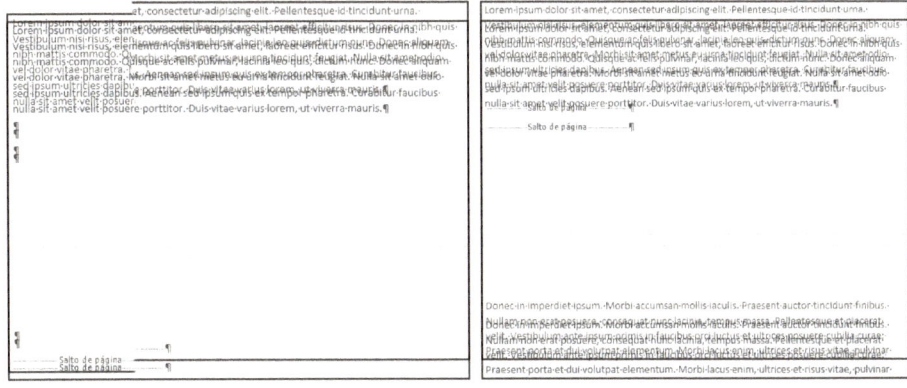

Lo mejor es insertar los saltos de página justo después del texto, como se ve en la imagen de la derecha, sin saltos de línea entre medias como se muestra en la imagen de la izquierda.

8. **Página en blanco**: funciona de forma muy similar al comando de insertar salto de página, pero al contrario que este, lo que hace insertar una hoja en blanco es meter una hoja en blanco en medio, es decir, si en la mitad de la página 10 insertamos una hoja en blanco, la 11 estaría completamente en blanco y empezaríamos a escribir en la 12. Al igual que antes, la mejor forma de ver

Sección 2: Elementos que no son texto

exactamente que se ha creado y donde se ha creado es utilizar el comando "Mostrar todo" del grupo "Párrafo" en la ficha "Inicio".

- Portada: con este comando podemos insertar una hoja al principio de nuestro documento para que actúe como portada del documento. Para usar este comando da igual donde tengamos posicionado el cursor, ya que la portada siempre se va a insertar como una hoja nueva antes de nuestra primera página, desplazando todo una página hacia abajo (lo que antes era nuestra primera página pasará a ser la segunda, y así con todas las demás).

    Cuando pulsamos en el comando aparece un desplegable, para que elijamos qué tipo de portada queremos utilizar, seleccionamos la que nos guste y se inserta la portada como si fuera una plantilla, teniendo simplemente que sustituir los textos como "Título aquí" por el propio título del documento. Tras insertar la portada podemos eliminarla del mismo comando de "Portada", en la parte de debajo del desplegable, en "Quitar portada actual". También, si ya tenemos una portada creada e insertamos una portada nueva, la portada antigua se eliminará, creándose la nueva portada en la página 1 de nuestro documento.

Sección 2: Elementos que no son texto

Clase 2.2: Como crear una tabla

Antes de empezar a hablar de las tablas como tal, vamos a matizar que, durante esta clase, o cualquiera de las siguientes, vamos a intentar no repetir conceptos que ya hemos visto anteriormente, para centrarnos en los conceptos y comandos nuevos. Así, por ejemplo, durante esta clase de tablas veremos algunos comandos que nos permiten alinear el texto dentro de la tabla, pero de la alineación ya hemos hablado anteriormente, y el concepto de alineación es igual para un texto dentro de una tabla o una hoja, así que estos comandos los mencionaremos, pero sin entrar al detalle.

Una tabla es una cuadricula de tantas filas y columnas como nosotros definamos, que puede ser realmente útil para organizar información. Por ejemplo, con una tabla podríamos crear un horario, o como ya vimos antes en la clase de formato del texto, para organizar información a pares:

Selección	Forma de seleccionarlo
Una palabra	Doble click de ratón en la palabra
Una frase	Mantener la tecla Control y pulsar con el ratón un lugar cualquiera de la frase
Un párrafo	Pulsar 3 veces con el ratón un lugar cualquier del párrafo o también Pulsar doble click de ratón a la izquierda (fuera) del texto
Un bloque grande de texto	Poner el cursor en la posición que queramos, mantener la tecla "Shift" y pulsar click donde queremos que termine la selección
Un bloque con forma libre	Mantener la tecla "Alt", hacer click con el ratón, arrastrar y soltar (prueba a aplicar un color de resaltado a la selección)
Todo el documento	Pulsar 3 veces con el ratón a la izquierda (fuera) de cualquier texto

En este caso, estamos viendo una tabla de 7 filas y 2 columnas, en la que relacionamos a pares qué vamos a seleccionar con la acción que tenemos que hacer para seleccionarlo.

Para crear una tabla tenemos que usar el comando "Tabla" del grupo con el mismo nombre en la ficha "Insertar". Al pulsar en este comando aparece un desplegable, el cual nos ofrece diferentes formas de crear nuestra tabla:

- Usando las casillas: si pasamos el ratón por encima de las casillas veremos que van cambiando de color según la cantidad de filas y columnas que estemos eligiendo, y justo encima de las casillas vemos las dimensiones de la tabla. Si queremos crear una tabla de 7 filas y 2 columnas tendremos que mover el ratón 7 casillas hacia abajo y 2 hacia la derecha, y veremos que esta es una tabla de 2x7. Pulsamos con el ratón en esa casilla y automáticamente nos aparece la tabla en la posición donde tuviéramos el cursor.

- Pulsando en "Insertar tabla": nos aparecerá una ventana en la que nos pide el número de filas y de columnas, y nos pide seleccionar una opción de autoajuste, es decir, la anchura de cada columna. La primera opción es para establecer a mano el ancho de cada columna (por ejemplo 2 centímetros), la segunda opción

Sección 2: Elementos que no son texto

hace que la columna sea tan ancha como el texto que contenga (el ancho irá aumentando a medida que vayamos escribiendo), y la tercera opción es para hacer el total de la tabla tan ancha como nuestra hoja.

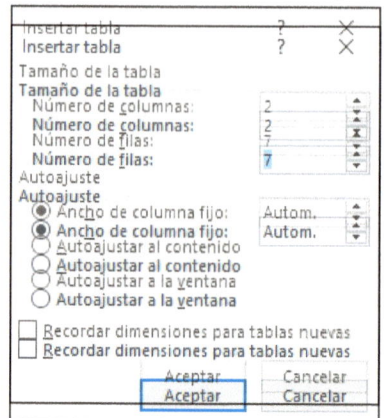

- Dibujar tabla nos permite crear la tabla manualmente. Cuando lo pulsamos, el cursor nos cambia a la forma de un lápiz, y tendremos que pulsar en un punto de nuestra hoja para definir el borde superior izquierdo de la tabla y pulsar de nuevo en otro punto para definir el borde inferior derecho. Tras esto, podemos seguir dibujando en la parte interior de nuestra tabla para crear las filas y columnas e incluso líneas diagonales. Para dejar de dibujar la tabla simplemente pulsamos la tecla "Esc".

    Fíjate que estas últimas acciones de dibujar filas, columnas y diagonales las hemos hecho con un comando que se nos ha seleccionado automáticamente en la ficha "Disposición", la cual antes no estaba, y de la cual hablaremos un poco más adelante.

- Hoja de cálculo de Excel: si creamos una tabla de esta forma, nos aparecerá en nuestro documento una hoja exactamente igual que las de Excel, a la cual podemos aumentar o disminuir su altura y anchura para aumentar o reducir su número de filas y columnas. Además, la cinta de opciones cambiará, para mostrar la cinta de opciones de Excel, es decir, que podemos usar una tabla de Excel sin salir de Word. En esta hoja de Excel podemos realizar cualquier acción que podríamos realizar normalmente en Excel, como operaciones matemáticas entre celdas, funciones, aplicar formatos o formatos condicionales a las celdas, etc.

    Aquí no vamos a explicar cómo trabajar con una hoja de Excel ya que sería demasiado extenso, pero si te interesa aprender sobre Excel y te gusta la forma en que está estructurado este libro, puedes consultar mi otro libro "Excel de cero a experto", también disponible en Amazon.

Sección 2: Elementos que no son texto

- **Tablas rápidas** permite crear una tabla con un formato predefinido como si fuera una plantilla, de modo que si queremos crear un calendario podríamos elegir uno de los de aquí, aunque luego (muy probablemente) tendríamos que cambiar el mes y los días para usar el mes que nosotros queramos.

Sección 2: Elementos que no son texto

Clase 2.3: Editar las tablas creadas

Como ya hemos mencionado antes, cuando creamos una tabla y tenemos la tabla seleccionada, o el cursor dentro de la propia tabla, vemos que aparecen dos nuevas fichas en la cinta de opciones: la ficha "Diseño" y la ficha "Disposición". Estas fichas sirven únicamente para trabajar con tablas, de modo que Word no las muestra a menos que estemos trabajando con una tabla, para no saturar la pantalla con elementos que no podemos utilizar.

Ficha "Diseño"

Esta ficha sirve para modificar los aspectos visuales de la tabla que hemos creado, como los colores, los tipos de borde, etc.

Primero nos vamos a fijar en el grupo "Estilos de banda". Desde aquí podemos elegir estilos predefinidos para aplicar a nuestra tabla. A la derecha de los estilos vemos que hay 3 botones en vertical (uno encima de otro). Estos botones nos sirven para ver diferentes estilos predefinidos, o si pulsamos el de abajo del todo, para mostrar todos los estilos disponibles. En esta tabla de ejemplo a continuación, está aplicado un estilo de "Tablas con cuadrícula", concretamente "Tabla con cuadrícula 5 oscura" (lo menciono porque puede que quieras imitar esta tabla cuando veamos el siguiente grupo).

Alumno	Nota examen	Nota prácticas	¿Aprueba?
Juan	4	5	No
Pedro	7	4	Si
Olga	8	7	Si

A la derecha del todo del grupo "Estilos de tabla" está el comando "Sombreado", que funciona exactamente igual que el sombreado del grupo "Párrafo" de la ficha "Inicio", sirve para aplicar un color de fondo a la celda que tengamos seleccionada.

Desde el grupo "Opciones de estilo de tabla" podemos seleccionar o deseleccionar varias opciones, que vamos a explicar brevemente lo que hace cada una y decir si la tabla del ejemplo anterior lo tiene aplicado o no. Además, la mejora forma de comprobar qué hace cada opción es tener una tabla creada y marcar y desmarcar las opciones para ver la diferencia:

- Fila de encabezados: aplica un color diferente a la primera fila, para poder poner el título de la columna. En la tabla de la imagen sí que está aplicado, ya que "Alumno", "Nota examen", "Nota prácticas" y "¿Aprueba?" son de distinto color que el resto de filas.

- Primera columna: igual que la opción anterior, pero cambiando el color de la primera columna. En la tabla de la imagen sí que está aplicado, ya que los nombres de los alumnos son de diferente color que el resto de las columnas.

Sección 2: Elementos que no son texto

- Fila de totales: aplica un color diferente a la última fila. No está aplicado, ya que la fila de "Olga" no tiene un color único en la tabla.

- Última columna: aplica un color diferente a la última columna. No está aplicado, ya que la columna de "¿Aprueba?" es del mismo color que la anterior.

- Filas con bandas: altera los colores de las filas para que no se vean todas iguales. En la tabla de la imagen sí que está aplicado, ya que la fila de "Juan" tiene un color gris oscuro, la de "Pedro" es gris claro, la de "Olga" es gris oscuro otra vez, y si hubiese más filas se seguirían alternando estos 2 colores.

- Columnas con bandas: altera los colores de las columnas. No está aplicado, ya que las últimas 3 columnas tienen exactamente los mismos colores, no se alternan cada 2 columnas.

Como último grupo de esta ficha tenemos el grupo "Bordes", que sirve para modificar el estilo de los bordes de la tabla.

Empezando de izquierda a derecha y de arriba hacia abajo, "Estilos de borde" nos permite seleccionar un tipo de borde predefinido y empezar a aplicarlo; "Estilo de pluma" nos permite escoger manualmente la forma del borde (discontinuo, doble línea…); "Grosor de pluma" nos permite escoger el grosor de la línea; "Color de pluma" nos permite elegir el color de la línea. Para estos comandos que hemos mencionado por ahora, lo primero que tenemos que hacer es usar el comando y luego aplicar el formato de borde que hayamos elegido al borde que queramos, pulsando sobre él mientras nuestro cursor es una pluma (para terminar de usar esta pluma pulsamos la tecla "Esc").

El comando "Bordes" nos permite aplicar el tipo de borde que tengamos seleccionado (el que hayamos seleccionado con los comandos anteriores) a las celdas que tengamos seleccionadas (podemos tener seleccionada toda la tabla o solo unas pocas celdas, y estas celdas las tendremos que seleccionar con el ratón como si fueran texto, como explicamos en la clase "Formato de texto"). El comando "Copiar borde" es parecido a copiar formato, pero solo con el formato de los bordes: copia el formato de la celda que tengamos seleccionada y lo aplica a los siguientes bordes que seleccionemos.

Ficha "Disposición"

Esta ficha nos sirve principalmente para modificar la estructura de la tabla, y la mayoría de los comandos de su interior no requieren mucha más explicación que la que da el propio nombre del comando. Desde el grupo "Dibujar", con el comando "Dibujar tabla" podemos crear una tabla manualmente, como ya dijimos anteriormente, y con el comando "Borrar" podemos eliminar bordes de celdas, haciendo así que dos celdas se conviertan en una sola.

Desde el grupo "Filas y columnas" podemos agregar o eliminar filas y columnas, según el comando que pulsemos y la posición de nuestro cursor dentro de la tabla. Si el cursor

Sección 2: Elementos que no son texto

está en cualquier celda de la tercera columna y pulsamos "Insertar a la derecha" se creará una cuarta columna vacía (si ya teníamos una columna número 4, entonces la 4 pasará a ser la 5, la 5 pasará a ser la 6...).

Los comandos del grupo "Combinar" no aportan gran cosa, ya que "Combinar celdas" lo podemos hacer directamente con el comando de "Borrador" del grupo "Dibujar"; y "Dividir celdas", lo podemos hacer también desde el grupo "Dibujar", con el comando "Dibujar tabla".

Desde el grupo "Tamaño de celda" podemos modificar el tamaño de las filas y columnas, pero lo más habitual suele ser modificarlo manualmente desde la propia tabla: Si pasamos el cursor por encima de un borde de la tabla, ya sea interno o externo, de filas o de columnas, veremos que la forma del curso cambia a dos líneas con dos flechas. Si con esa forma del cursor pulsamos y mantenemos el botón izquierdo del ratón y arrastramos, estaremos modificando el alto o ancho de la fila o columna.

Por último, desde el grupo alineación podemos modificar la alineación del texto dentro de las propias celdas, podemos elegir la dirección del texto (prueba a pulsar para ver cómo cambia) y podemos establecer los márgenes internos de la propia celda.

Sección 2: Elementos que no son texto

Clase 2.4: Utilizar ilustraciones en nuestro documento

Las ilustraciones en general (imágenes, formas, gráficos…) son un apoyo visual muy importante que podemos usar en gran cantidad de documentos, tanto informales como profesionales, que nos permiten atraer la atención del lector de diferentes maneras. Por ejemplo, podríamos utilizar formas de flechas para mostrar al lector el camino que tiene que seguir en nuestro documento, o podríamos utilizar una imagen para ahorrarnos una explicación difícil de expresar y de entender (la gran mayoría de las veces es cierta la expresión de que "una imagen vale más que mil palabras").

Para insertar cualquier tipo de ilustración lo haremos desde la ficha "Insertar", grupo "Ilustraciones" y seleccionando el elemento concreto que queramos insertar. La mayoría de estos comandos funcionan de forma muy similar, tanto en la propia inserción del elemento en cuestión como en las modificaciones posteriores que podremos hacer. Por eso, vamos a dedicar esta clase al completo a insertar imágenes, y en la siguiente clase veremos todos los demás comandos del grupo "Ilustraciones", lo cual será realmente similar a las imágenes en la mayoría de los casos.

Para insertar una imagen podemos elegir entre seleccionar una imagen que tengamos guardada en nuestro ordenador ("este dispositivo…"), o hacer una búsqueda de imágenes on-line (para esto hace falta tener conexión a internet). En cualquier caso, cuando elegimos la imagen, se insertará donde tengamos situado el cursor, siendo de mayor o menor tamaño según sean las propiedades de la imagen original.

Sección 2: Elementos que no son texto

Una de las acciones que más veces realizaremos sobre una imagen es modificar el tamaño, lo cual podemos hacer de forma rápida desde la propia imagen (siempre que la tengamos seleccionada), con los círculos blancos que aparecen en las esquinas y laterales de la imagen, pulsando y manteniendo en uno de ellos, arrastrando el ratón hasta tener el tamaño deseado y entonces soltando el ratón. Si usamos uno de los círculos de las esquinas, el tamaño se mantendrá proporcional, mientras que, si usamos los laterales, superior o inferior, perderemos la proporción de la imagen. Otra de las acciones que haremos con muchas de las imágenes que insertemos es moverla de posición, lo cual podemos hacer pulsando y manteniendo con el botón izquierdo del ratón en cualquier lugar de la imagen, arrastrando hasta la posición en la que queramos colocar la imagen y entonces soltando el botón del ratón.

La flecha que hace un giro en la parte superior de la imagen sirve para girar la imagen (pulsamos, mantenemos y arrastramos), y el recuadro con forma de arco en la parte superior derecha sirve para editar la posición de la imagen (lo veremos más adelante en detalle en el grupo que le corresponde a este comando, aunque cuando lo sepamos utilizar, la mayoría de las veces que lo utilicemos en el día a día lo usaremos desde este icono de aquí).

Ahora que hemos visto las acciones rápidas que podemos realizar sobre la imagen, vamos a seleccionar de nuevo una imagen para ver que ahora tenemos una nueva ficha, la ficha "Formato", que solo se mostrará mientras tengamos una imagen seleccionada (también se muestra con formas, iconos, etc., pero por ahora hemos dicho que nos centramos solo en imágenes).

Empezando por la izquierda, tenemos el grupo "Ajustar", desde el cual podemos realizar ediciones de color a la imagen (de saturación, contraste, brillo, color...), que poco tienen que ver con Word como tal, así que no vamos a entrar en más detalle, pero te recomiendo que pruebes a utilizar estos comandos por tu cuenta para ver cómo funcionan, ya que no es difícil ver qué hace cada uno de ellos al utilizarlo o incluso simplemente con pasar el ratón por encima.

A continuación, tenemos el grupo "Estilos de imagen", en el cual seguimos encontrando comandos que modifican la imagen, pero esta vez están más relacionados con bordes. En el recuadro de la izquierda tenemos estilos de borde predefinidos, que podemos simplemente elegir y se aplicarán automáticamente a la imagen, y con los comandos de la derecha podemos aplicar de forma manual más bordes y estilos. Prueba a usar todos estos comandos para ver que hacen de forma concreta.

El grupo "Accesibilidad" se compone de un solo comando, "Texto alternativo", que sirve para crear una descripción de la imagen. Que las imágenes tengan descripciones creadas como textos alternativos es útil para personas ciegas o con baja visibilidad, ya que, si están utilizando la opción de Word de leer el texto en voz alta, pero hay una imagen sin

Sección 2: Elementos que no son texto

descripción, el lector no puede describir la imagen, pero nosotros como escritores sí que podemos crear esa descripción para que el lector pueda leerla en voz alta.

Después tenemos el grupo "Organizar", desde el cual podemos modificar la posición de la imagen en nuestro documento, tanto en relación a la hoja (comando "Posición"), como al texto (comando "Ajustar texto") como a otras imágenes (este mismo grupo lo podemos encontrar en la ficha "Disposición", y son exactamente los mismos comandos):

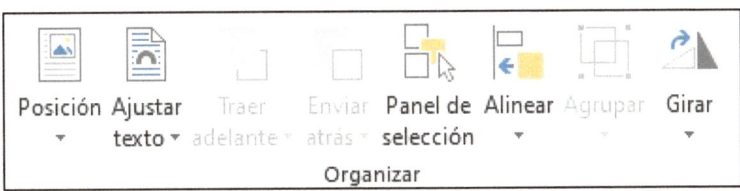

- Posición: mueve la imagen a la zona de la hoja donde indiquemos, habiendo solo 9 posibles posiciones, y además el texto se adaptará para "rodear" a la imagen (lo mejor será que pruebes el comando para saber a qué me refiero y cómo funciona).
- Ajustar texto: este comando es el mismo que mencionamos antes que podemos aplicar al seleccionar una imagen con el icono que aparece en la parte superior derecha con forma de arco. Con este comando podemos elegir como actúa el texto con respecto a la imagen, como hacer que el texto bordee la imagen o que la imagen se posicione detrás o delante del texto (una vez más, lo mejor es que lo pruebes por ti mismo).
- Agrupar: si tenemos varias imágenes o formas que son parte de un conjunto (por ejemplo, dos formas de circulo y una línea curva que forman una cara sonriente), podemos seleccionar a la vez todas estas formas (manteniendo presionada la tecla "control" mientras las seleccionamos individualmente o cambiando el modo de selección desde el grupo "Edición" de la ficha "Inicio") y usar el comando "Agrupar", para que a partir de ese momento todas esas ilustraciones sean tratadas como un solo elemento, de modo que si movemos uno solo de los círculos, se moverá la cara sonriente al completo.
- Girar: nos sirve para girar la imagen, pero esto se suele hacer simplemente seleccionando la imagen y usando la flecha de giro en la parte superior de la imagen.
- Todos los demás comandos de este grupo sirven para modificar la "capa" que ocupa la imagen. Como ejemplo, imagina que tienes varios folios y los pones en la mesa unos encima de otros; entonces hay folios que no eres capaz de ver porque otros folios encima suyos los tapan, y para verlos tendrías que moverlos encima de los demás. Para esto mismo sirven estos comandos de "Traer adelante", "Enviar atrás", etc.

Sección 2: Elementos que no son texto

Por último, tenemos el grupo "Tamaño", que sirve para editar el tamaño de la imagen de forma más precisa que con los círculos de las esquinas, y también tenemos el comando "Recortar", que como su nombre indica sirve para recortar la imagen de modo que no se vea al completo, sino solo el fragmento que nosotros queramos mostrar:

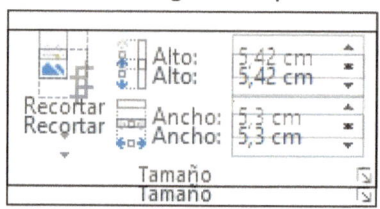

Ahora que hemos visto todos los comandos de la ficha "Formato", vamos a pulsar con el botón derecho del ratón sobre la imagen para ver un menú desplegable con muchas opciones, de las cuales ya conocemos la mayoría, así que ahora es cosa de cada uno decidir utilizar los comandos desde la ficha "Formato" o con este menú. Las únicas opciones de este menú que aún no conocemos son "Vínculo" (que veremos más adelante), "Insertar título" (que también veremos más adelante) y "Formato de imagen", opción en la cual vamos a pinchar ahora mismo, y a la derecha de la pantalla nos aparecerá una ventana como esta:

Desde aquí podemos realizar modificaciones avanzadas y muy precisas a nuestra imagen, que no son nada nuevo respecto a lo que ya hemos visto, pero que nos ofrece muchas más posibilidades.

Si no vas a realizar demasiadas modificaciones sobre imágenes, con los comandos de la ficha "Formato" será más que suficiente, pero si necesitas aplicar muchos detalles a las imágenes, o trabajas con imágenes con mucha frecuencia, tendrás que saber cuáles son las opciones que te ofrece este menú.

Sección 2: Elementos que no son texto

Clase 2.5: Insertando otras ilustraciones

Ahora que sabemos insertar y editar imágenes en nuestro documento, trabajar con el resto de los comandos del grupo "Insertar" será relativamente sencillo, y en esta clase vamos a ver cuáles son estos comandos y en qué se parecen y diferencian a las imágenes normales:

- **Formas**: al pulsar en el comando aparece un desplegable en el que vemos todas las formas que podemos elegir para crear. Cuando nos decidimos por una, la seleccionamos, y entonces tendremos que pulsar y mantener el ratón, arrastrar para hacer la forma tan grande como queramos y soltar.

   Editar el tamaño es igual que con las imágenes, lo podemos hacer desde el grupo "Tamaño" de la ficha "Formato", o desde la propia imagen, salvo que esta vez, algunas formas más "complejas" tienen unos círculos de color naranja que nos permiten editar la forma de diferentes maneras, como es el caso de la flecha que vemos a continuación:

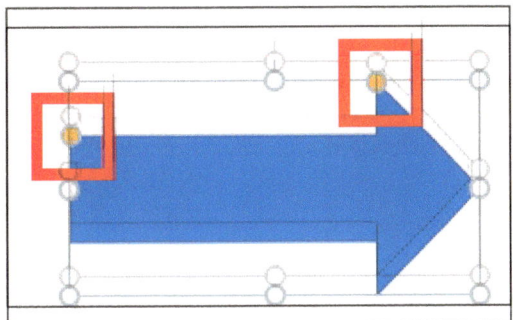

   Desde el grupo "Insertar formas", con el recuadro de la izquierda podemos seguir insertando más formas, y el comando "Editar forma" nos permite modificar nuestra forma de diferentes maneras:

   - Reemplazando nuestra forma por otra forma diferente, pero con el mismo tamaño.
   - Modificando los puntos de nuestra forma para hacer una forma personalizada. Si usamos esta opción, se marcarán los vértices de nuestra forma para que los podamos editar a voluntad.

   El comando "Dibujar cuadro de texto" lo saltamos por ahora, ya que lo veremos en una clase más adelante en el grupo "Texto" de la ficha "Insertar":

   El grupo "Estilos de forma" nos permite modificar colores y bordes principalmente. Desde el recuadro de la izquierda podremos elegir estilos predefinidos con diferentes colores, sombras, degradados, etc., y desde los

Sección 2: Elementos que no son texto

comandos de la derecha podremos aplicar los estilos que queramos manualmente.

El grupo "Estilos de WordArt", una vez más, tiene que ver con cuadros de texto, lo cual veremos más adelante.

El resto de los grupos y comandos que no hemos mencionado son iguales a los que hemos visto para las imágenes, así que no los vamos a repetir de nuevo.

- Icono: cuando pulsamos se abre una ventana con multitud de iconos que podemos insertar en nuestra hoja (esta galería de iconos es on-line, así que hay que estar conectados a internet para poder usarlos, pero una vez insertados en nuestra hoja no hace falta seguir teniendo internet). Los iconos son parecidos a las imágenes, con la particularidad de que los podemos transformar en formas desde el grupo "Cambiar" de la ficha "Formato". Al convertir un icono a forma podremos usar todos los comandos que se pueden usar con las formas, de modo que lo que conseguimos al transformarlo es poder editar su forma como nosotros queramos editando sus vértices, lo cual como ya dijimos antes se hace con el comando "Editar forma", en el grupo "Insertar formas".

- Modelos 3D: desde hace poco tiempo, Word incluye una galería de modelos 3D (hay que tener conexión a internet), de modo que podemos seleccionar un modelo y rotarlo como queramos para tener nuestra imagen. Por ponerlo con un ejemplo, si quisiéramos la imagen de una jirafa desde un ángulo concreto, podríamos buscar una imagen desde ese ángulo concreto, o podríamos usar un modelo 3D y rotarlo hasta tener la imagen que queramos (pulsando y manteniendo en el icono del centro del modelo, y arrastrando hasta que tengamos el ángulo apropiado). El futuro lector del documento no sabrá que lo que está viendo es un modelo 3D, pero a nosotros nos ha sido mucho más fácil usar el modelo 3D que buscar la imagen específica que queríamos.

- Gráfico: nos permite insertar gráficos de diferentes tipos a partir de los datos de una tabla Excel. No vamos a explicar cómo crear gráficos en Excel, ya que esto es algo que en el libro "Excel de cero a experto" nos ocupa una sección en su totalidad, con algo más de 20 páginas. Cuando el gráfico está creado, podemos modificar sus datos con el comando "Modificar datos" del grupo "Datos" en la ficha "Diseño".

- Captura: nos permite insertar una captura de pantalla, pero no del propio documento que tenemos abierto. No es muy utilizado, ya que para realizar capturas de pantalla se suele utilizar la herramienta "Recortes" (la puedes buscar pulsando en el menú de Windows y escribiendo "Recortes") o la tecla "Imp pant" del teclado, normalmente situada en la parte superior derecha del teclado, lo cual es equivalente a "Copiar" la pantalla, de modo que para insertar esa captura de pantalla aun tendremos que usar el comando "Pegar".

Por último, aunque no esté en el grupo "Ilustraciones", en esta misma ficha "Insertar" tenemos el grupo "Multimedia", el cual tiene un solo comando, "Vídeo en línea". Esto nos permite insertar un vídeo de una página web, simplemente pegando el enlace al vídeo en la ventana que nos aparecerá al pulsar el comando. Al hacerlo, nos aparecerá la miniatura del video como si fuera una imagen, con la misma ficha "Formato", por lo que las modificaciones que podemos hacer son las mismas, con la diferencia de que, al pulsar en el botón de reproducir, se nos abrirá el vídeo.

Después de haber hablado de utilizar imágenes, vídeos, etc., tenemos que tener siempre en cuenta que estos elementos pueden tener copyright (derechos de autor), por lo que hay que tener siempre cuidado con que elementos estamos utilizando y qué uso les vamos a dar.

Sección 2: Elementos que no son texto

Clase 2.6: Insertar textos como objetos

El texto es el elemento más común en cualquier documento. Hasta ahora hemos aprendido a introducir texto en nuestro área de trabajo, aplicar formato para modificar su aspecto y editar la alineación. En esta clase vamos a aprender a insertar textos como objetos para poder moverlos por nuestra hoja como si de una imagen se tratase, y también veremos cómo insertar ecuaciones en forma de objetos y caracteres especiales, es decir, caracteres que no se encuentran en nuestro teclado, como por ejemplo la letra griega Omega (Ω), la cual necesitarían utilizar a menudo estudiantes o trabajadores relacionados con la ingeniería.

Para insertar texto como un objeto tenemos que crear un cuadro de texto, lo cual se hace desde el grupo "Texto" de la ficha "Insertar". Cuando pulsamos en este comando nos aparece un desplegable, en el que tenemos que elegir qué estilo de cuadro de texto queremos crear. Vamos a empezar creando un cuadro de texto simple, lo cual creará un cuadro en medio de la pantalla, con un texto de ejemplo seleccionado y que podemos sustituir por el texto que nosotros queramos. Este cuadro de texto lo podemos editar de forma rápida como hacemos con las imágenes: modificar el tamaño con los círculos de las esquinas, rotarlo con la flecha girada en la parte superior y moverlo si pulsamos y mantenemos con el ratón sobre uno de los bordes del cuadro y arrastramos el ratón hasta donde queramos.

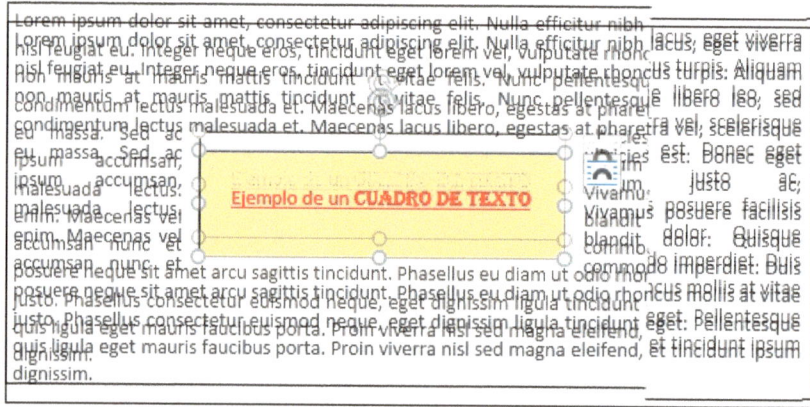

Por defecto el cuadro de texto debería tener el modo "Ajustar texto" en "Cuadrado", de modo que lo podremos mover a donde nosotros queramos, incluso en medio del texto, como vemos en la imagen de arriba, y si no viene con este ajuste de texto seleccionado por defecto lo podemos seleccionar desde el icono del arco en la parte superior derecha de nuestro cuadro de texto o bien desde el grupo "Organizar" de la ficha "Formato", la cual, al igual que con las imágenes, solo se mostrará si tenemos el cuadro de texto seleccionado.

En la imagen de arriba, vemos que el texto tiene varios formatos aplicados, como tamaño de letra, color y fuente, y es que esto no deja de ser un texto, por lo que

Sección 2: Elementos que no son texto

podemos aplicar los mismos formatos que podemos aplicar a cualquier texto normal, desde la ficha "Inicio".

Adicionalmente, podemos aplicar formatos propios al cuadro de texto desde la ficha "Formato", en la cual vemos grupos que ya explicamos anteriormente para otros tipos de ilustraciones, por lo cual podemos suponer para que sirven la mayoría, pero vamos a hacer algunas menciones especiales:

- Insertar formas: con el comando "Editar forma" podemos cambiar la forma rectangular que rodea al cuadro de texto por cualquier otra forma, pero hay que tener en cuenta que algunas quedarán mejor que otras. Por ejemplo, si cambiamos la forma a una flecha, podremos hacer que todo el texto quede dentro de la forma de flecha, pero si lo cambiamos por una cara sonriente, los ojos y la boca de la cara quedarán en medio del texto, por lo que sería difícil de leer.
- Estilos de forma: es exactamente igual que para las formas, sirve para aplicar formatos (predefinidos o personalizados) a la forma que contiene nuestro texto.
- Estilos de WordArt: "WordArt" es algo que por lo general se utiliza para crear títulos con estilos llamativos, pero también se puede utilizar para textos normales. Desde el recuadro de la izquierda se pueden aplicar estilos de WordArt predefinidos, y con los comandos de la derecha podemos aplicar formatos de forma manual, cambiando los colores de relleno, colores de contorno del texto y con el comando "Efectos de texto" podemos aplicar muchos más estilos a nuestro texto, como iluminación, giros 3D…

Esto es un WordArt de ejemplo

- Desde el grupo "Texto" podemos cambiar la alineación del texto arriba, centrada o abajo, lo cual podemos combinar con las alineaciones izquierda – centro – derecha del grupo "Párrafo" de la ficha "Insertar".

El último de los grupos en la ficha "Insertar" es el grupo "Símbolos", desde el cual podemos introducir elementos relacionados con el texto pero que no son texto como tal, que son las ecuaciones y los símbolos.

Las ecuaciones nos sirven para insertar fórmulas matemáticas predefinidas, como el área de un círculo o la fórmula cuadrática, o crear nuestras propias ecuaciones, pero en cualquiera de los casos, estas ecuaciones no son resolubles por Word, o sea que, aunque creemos una ecuación con este comando no sería diferente a buscar dicha ecuación en internet y pegarla como una imagen.

$$x = \frac{-b \pm \sqrt{b^2 - 4ac}}{2a}$$

Sección 2: Elementos que no son texto

Si decidimos crear una ecuación personalizada (y la tenemos seleccionada) veremos que nos aparece una nueva ficha, llamada "Diseño", desde la cual podemos introducir todos los elementos que necesitamos para crear nuestra ecuación, como operadores matemáticos, exponenciales, raíces de cualquier índice, matrices, etc. Si tenemos claro cómo es la ecuación que queremos introducir no es difícil usar todos estos comandos para replicarla, pero esto es algo que muy rara vez se utiliza ya que es algo que requiere bastante tiempo, siendo mucho más fácil buscar dicha ecuación en internet y copiarla con el formato que tenga en internet o directamente como una imagen.

Respecto a los símbolos, esto es algo mucho más fácil de utilizar, ya que simplemente tenemos que pulsar en el comando, seleccionar el símbolo que queramos y se insertará en nuestro texto, en la posición en la que esté el cursor, como si fuera una letra más. Si el símbolo que queremos no aparece tendremos que pulsar en "Más símbolos", buscar el símbolo que queramos, pulsar en insertar y se insertará en la posición de nuestro cursor. Como consejo si solemos utilizar símbolos: los que más utilicemos nos aparecerán en el recuadro de "usados recientemente", pero si queremos buscar uno que no está aquí lo más fácil es buscarlo en internet y copiarlo, siempre que sepamos como se llama dicho símbolo.

Símbolos utilizados recientemente:
Ω | μ | α | € | £ | ¥ | © | ® | ™ | ± | ≠ | ≤ | ≥ | ÷ | × | ∞ | β | π | Σ | ☺ | ☹ | § | † | ‡ | … | % | é | ¿

Sección 2: Elementos que no son texto

Clase 2.7: Agregar y utilizar complementos o plug-ins

Los complementos son elementos que no forman parte de Word oficialmente, pero que nos podemos descargar para facilitar algunas tareas, como por ejemplo el complemento de Wikipedia, que nos permite buscar información en Wikipedia sin salir de Word, haciendo que insertar cualquier imagen que veamos aquí sea tan fácil como pulsar un simple click sobre ella.

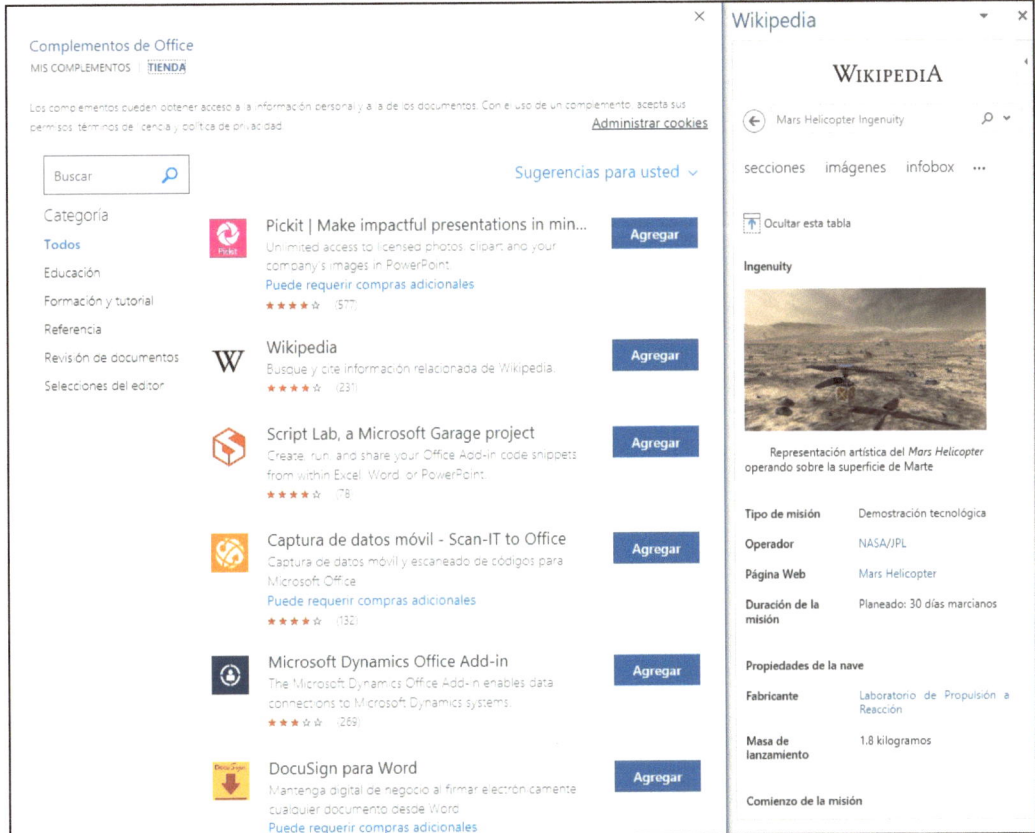

Para descargar algún complemento o gestionar los que ya tenemos, tenemos que usar los comandos del grupo "Complementos" de la ficha "Insertar". Ten en cuenta que para trabajar con complementos hay que tener acceso a internet, y además en los ordenadores de empresa suelen estar bloqueados.

Sección 2: Elementos que no son texto

Clase 2.8: Vínculos y referencias

Los vínculos son enlaces que al pulsarlos nos llevan a otra parte, ya sea del mismo documento, de otro documento, o incluso de fuera del entorno de Word, como páginas web. Estos vínculos se insertan en una palabra, frase, imagen o prácticamente cualquier otro elemento de nuestro documento, de modo que para crear un vínculo tenemos que elegir el elemento que va a tener el vínculo y seleccionarlo. En la imagen a continuación podemos ver como "La Mancha" tiene color de fuente azul y está subrayado, que es el formato característico de los hipervínculos, y si dejamos el ratón sobre este hipervínculo aparece un cuadro flotante en el que podemos leer la dirección web a la que enlaza (https://es.wikipedia.org/wiki/La_Mancha), y que para seguir el enlace tenemos que pulsar la tecla "Ctrl" del teclado y "click" izquierdo del ratón.

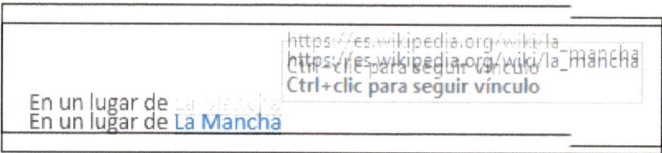

Para crear nuestro primer vínculo, vamos a seleccionar una palabra cualquiera y en la ficha "Insertar", grupo "Vínculos" pulsamos en el comando "Vínculo" (en el propio comando, no en el desplegable) y se nos abrirá una nueva ventana como la que vemos a continuación (también podemos pulsar con el botón derecho del ratón y pulsar en "Vínculo"):

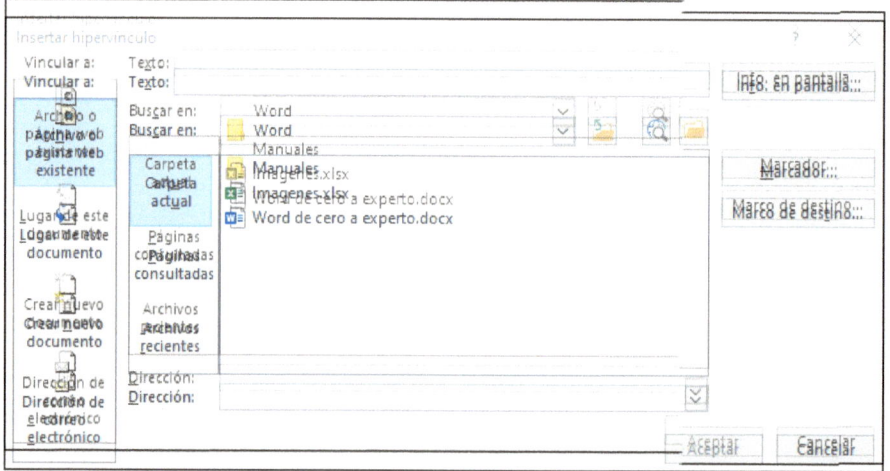

En la parte de la izquierda podemos seleccionar a qué elemento queremos enlazar:

- Archivo o página web existente: podemos elegir un fichero de nuestro ordenador, de modo que al pulsar en el enlace se abra dicho fichero o podemos insertar una dirección de una página web en el recuadro de debajo de la pantalla, donde pone "Dirección", de modo que al pulsar en el enlace se nos

Sección 2: Elementos que no son texto

abrirá automáticamente la página web (este último es el caso del ejemplo de antes del enlace a la Wikipedia de La Mancha).

- **Lugar de este documento**: nos permite elegir un lugar del documento que tenemos abierto al cual desplazarnos al pulsar el enlace. Por defecto nos aparecerán solo para elegir el principio del documento y los textos que hayamos escrito con un estilo de título, pero también podemos insertar marcadores manualmente en nuestro documento, y así elegirlos como lugares de enlace. Para crear un marcador no tenemos más que posicionar nuestro cursor y pulsar el comando "Marcador" en el grupo "Vínculos" de la ficha "Inicio". Al hacerlo se nos abre una ventana en la que tendremos que escribir un nombre para identificar nuestro marcador (este nombre no puede tener espacios, por lo que podemos usar barras bajas, como "Marcador_de_prueba") y pulsar en agregar para crear el marcador, o también desde aquí podemos eliminar los marcadores antiguos.
- **Crear nuevo documento**: nos permite crear un fichero nuevo y crear directamente un enlace a este nuevo documento.
- **Dirección de correo electrónico**: nos permite crear una plantilla de correo electrónico, en la cual tenemos que introducir el destinatario del correo y el asunto, de modo que cada vez que pulsemos en el enlace se nos abrirá el nuestro correo electrónico con un correo en blanco en el que ya tenemos rellenados los campos de destinatario del mail y asunto, y solo nos quedará escribir el cuerpo del mail.

Después de haber creado el vínculo, si lo hemos creado sobre un texto, este quedará marcado por defecto con un color de fuente azul y subrayado (este formato es el indicador por excelencia para identificar un vínculo), y si dejamos el ratón encima veremos un texto que dice que podemos pulsar la tecla control y click del ratón para seguir el enlace, y así seguiremos el vínculo y apareceremos en el lugar que enlaza ese vínculo.

El último comando del grupo "Vínculos" es "Referencias cruzadas", lo cual funciona de forma muy similar a los vínculos, sirve para ir a otra parte del documento cuando lo pulsamos, solo que este comando de referencias cruzadas nos ofrece bastantes más opciones a las que enlazar con los vínculos, como notas al pie, ilustraciones a las que hayamos puesto un título... Vamos a ver cómo se crean cada uno de estos tipos de referencias cruzadas:

Sección 2: Elementos que no son texto

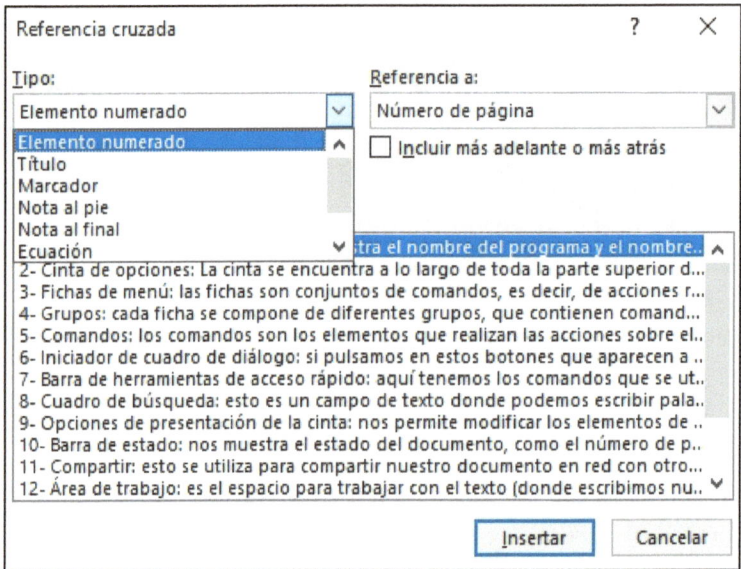

- Elemento numerado: creando una lista numerada desde el comando "Numeración" del grupo "Párrafo" en la ficha "Inicio".
- Título: aplicando a algún texto un estilo de título desde el grupo "Estilos" de la ficha "Inicio".
- Marcador: desde el comando con el mismo nombre en el grupo "Vínculos" de la ficha "insertar".
- Nota al pie: desde el comando "Insertar nota al pie", del grupo "Notas al pie" de la ficha "Referencias". Una nota al pie se utiliza para hacer una referencia a una palabra de nuestro texto y en la parte de abajo de la hoja ampliar la información sobre esa palabra o frase a la que nos hemos referido.
- Nota al final: desde el comando "Insertar nota al final", del grupo "Notas al pie" de la ficha "Referencias". Es como una nota al pie, pero la nota en vez de estar en la misma hoja, está al final del documento. Esto lo podemos usar para hacer un glosario de términos al final del documento.
- Ecuación: desde el comando "Ecuación" del grupo "Símbolos" en la ficha "Insertar", pero solo con insertar una ecuación no basta para que aparezca en la lista de referencias cruzadas, en un momento veremos que más hay que hacer. Sin embargo, como ya dijimos, es muy raro utilizar ecuaciones, por lo que es más raro aún utilizar referencias cruzadas a ecuaciones.
- Ilustración: desde cualquier comando del grupo "Ilustraciones" de la ficha "Insertar". Igual que antes, solo con insertar una imagen no basta para que aparezca en las referencias cruzadas.
- Tabla: desde el comando "Tabla", del grupo con el mismo nombre, en la ficha "Insertar". Una vez más, con solo insertar la tabla no basta.

Sección 2: Elementos que no son texto

Para los 3 últimos casos hemos dicho que solo con insertar el elemento no basta para que aparezca en la lista de referencias cruzadas, y es que lo que nos faltaría de hacer es poner un título al elemento en cuestión. Para ello, con el elemento seleccionado, usamos el comando "Insertar título", del grupo "Títulos" en la ficha "Referencias":

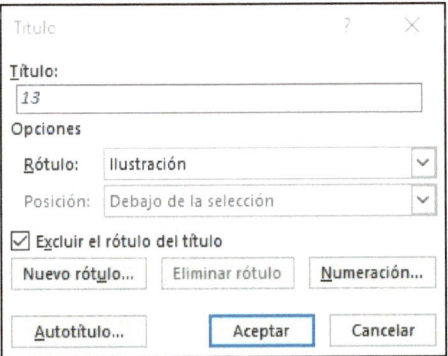

En esta ventana tendremos que seleccionar el tipo de rótulo que estamos introduciendo, y según el rótulo nos aparecerán en ese tipo que hayamos elegido en las referencias cruzadas.

Sección 2: Elementos que no son texto

Clase 2.9: Índices

Cuando un documento es largo, de más de varias páginas, es importante no solo mantener el orden en el documento, sino también mostrar al lector cuál es ese orden, y ayudarle a encontrar las partes que le interesen. Una de las mejores formas que tenemos de mostrar al lector el orden de un documento es incluir un índice al principio de dicho documento, como podemos encontrar en cualquier libro. Además, el índice no solo muestra el orden del documento, sino también en qué página inicia cada capítulo y si lo estamos leyendo en un formato digital (el propio Word, un pdf, un libro de Kindle...) posiblemente con solo pulsar en el nombre de dicho capítulo nos llevará automáticamente a ese capítulo, como un vínculo.

Antes de insertar el índice, hay que definir qué elementos queremos que aparezcan en el índice, y a todos esos elementos tendremos que aplicarles un estilo de texto, teniendo en cuenta que desde entonces solo deberemos aplicar ese estilo a los elementos que queremos que aparezcan en el índice. Como lo normal al crear un índice es utilizar los títulos de los capítulos (ya sea un libro, un informe...), normalmente se suele utilizar un estilo de "Título 1", de modo que si aplicamos ese estilo y pulsamos en el comando "Tabla de contenido" del grupo con el mismo nombre en la ficha "Referencias" y seleccionamos una tabla automática, nos aparecerá un índice, indicando en qué página está cada uno de los textos con estilo "Título 1":

Sin embargo, podríamos querer utilizar otro estilo de texto para crear el índice, o podríamos querer utilizar un índice multinivel (como el que tiene este libro, que aparecen los títulos de las secciones, pero también los títulos de las clases). Para ello, al usar el comando de tabla de contenido, tenemos que pulsar en "Tabla de contenido personalizada", y nos aparecerá una pantalla como la que vemos en la imagen (la ventana que vemos de fondo es la que se abrirá de momento):

Sección 2: Elementos que no son texto

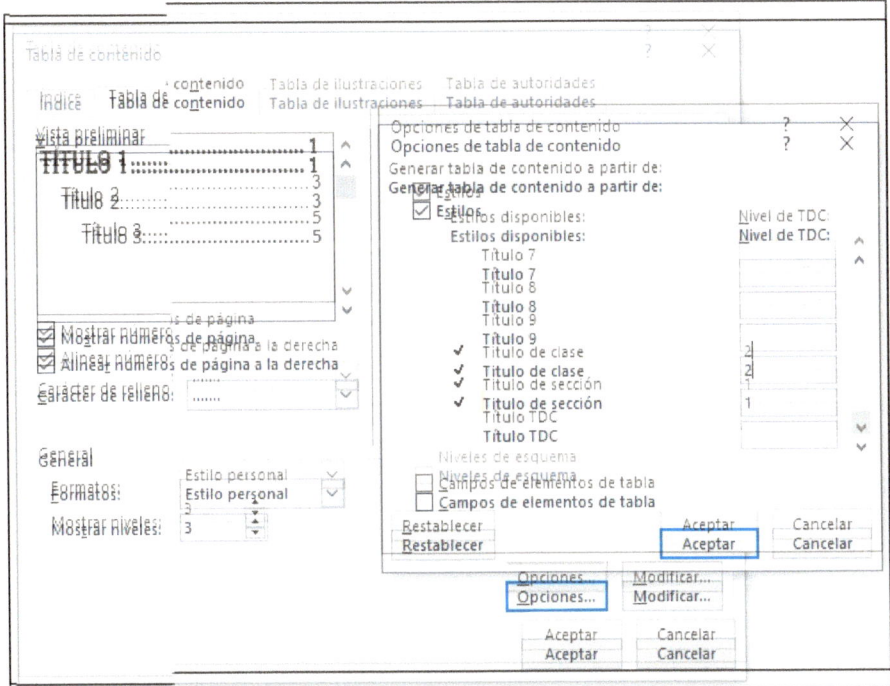

Pulsamos en "Opciones" y se abrirá la ventana que vemos en el frente de la imagen, y ahí tendremos que escribir un número 1 en el estilo que queremos que sea el elemento superior en el índice, un número 2 en el que queramos que sea el segundo elemento de multinivel, etc. En mi caso vemos que mi primer nivel es el estilo "Título de sección" y el segundo nivel es el "Título de clase".

Por lo general los índices se aplican al principio del documento, así que lo normal sería insertar una página en blanco entre la portada (si es que tenemos portada) y la primera hoja que tengamos con contenido, creando el índice en esa hoja.

Por último, ahora que hemos creado el índice, si seguimos trabajando en nuestro documento y añadiendo más páginas, los números de página que marca el índice dejarán de ser correctos, y es que las tablas de contenido (que es como se llaman realmente estos elementos, aunque yo los haya estado llamando "índices" toda la clase, solo ha sido por explicar las cosas un poco más fácil) las debemos actualizar manualmente, de modo que tendremos que situar nuestro cursor en nuestra tabla de contenido ("índice"), y pulsar en el comando "Actualizar tabla", del grupo "Tabla de contenido" de la ficha "Referencias". En la ventana que nos aparece podemos elegir si actualizar solo los números de página en los que se encuentra cada uno de los títulos que ya tenemos en la tabla, o si queremos que actualice también los nuevos elementos que hayamos añadido a la tabla (personalmente, es la opción que utilizo siempre, ya que esto es como un "actualizar todo"):

Sección 2: Elementos que no son texto

Clase 2.10: Otras referencias

Vamos a empezar esta clase aprendiendo qué son las citas, cómo se crea una cita y como se crea una bibliografía. Una cita es una referencia a un documento (libro, informe, revista científica…) del cual hemos sacado información que hemos utilizado en nuestro documento y que se complementa con la referencia al final del capítulo o al final de todo el documento. Es decir, si nosotros en nuestro documento usamos información que hemos leído en otro libro, o directamente usamos una frase textual de dicho libro, tenemos que citar dicho libro, haciendo referencia a cuál es el título del libro, autor, año de publicación, etc. Las citas se pueden realizar de diversas formas, como las que vemos a continuación, siendo conveniente aplicar un estilo de texto a la frase (hay estilos predefinidos de citas), pero los 2 elementos que siempre hay que poner son el propio texto que queremos citar y la referencia al documento del cual procede:

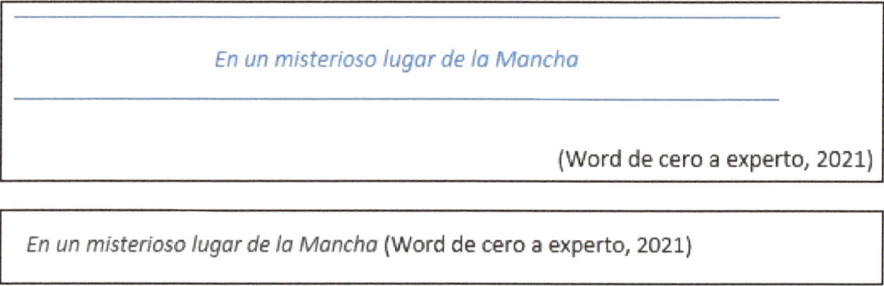

Cuando tenemos escrito nuestro texto y aplicado un estilo a dicho texto (aplicar un estilo es muy recomendable pero no obligatorio), para crear la cita tenemos que posicionar el cursor donde queramos insertar la cita y en la ficha "Referencias", grupo "Citas y bibliografía", usar el comando "Insertar cita" y pulsar "Agregar nueva fuente". Nos aparecerá una ventana como la que vemos en la siguiente imagen, en la que tenemos que seleccionar qué tipo de documento es el que estamos citando (en mi caso estoy citando mi propio libro, así que escojo "Libro", aunque lógicamente no tiene sentido citar mi propio libro), y rellenar todos los campos que nos aparezcan.

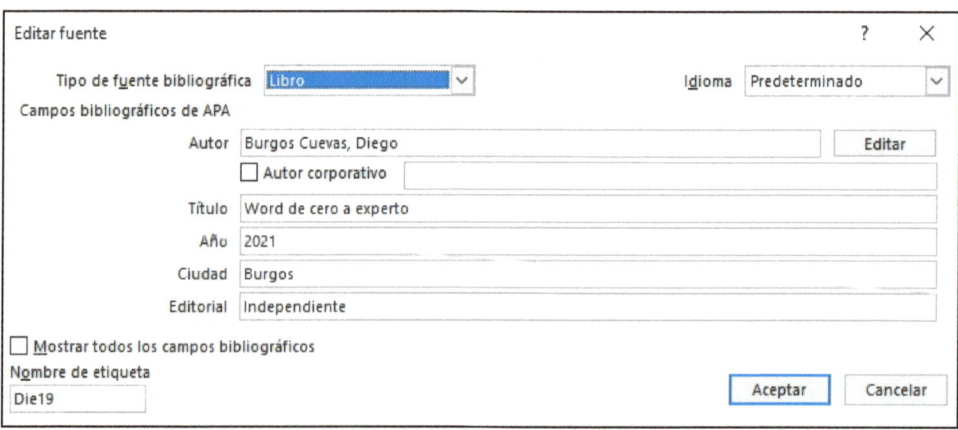

Sección 2: Elementos que no son texto

Cuando pulsamos en aceptar se guarda esta fuente que acabamos de crear, y ahora sí que podremos usar el comando "Insertar cita" para seleccionar la fuente que acabamos de crear. Con la fuente creada, podemos pulsar sobre ella y pulsar el botón de la parte derecha para editar la cita o la fuente, mostrando u ocultando el autor, título o año.

Podemos usar el comando "Administrar fuentes" para crear o editar más fuentes y desde el comando "Estilo" podemos seleccionar el estilo de la cita. Por último, al final de cada capítulo, o al final del documento, deberemos introducir la bibliografía, que es la mención completa a todas las citas que hemos usado. Por suerte, si hemos creado las citas de forma correcta, esto es tan fácil como posicionar el cursor en el lugar que queremos introducir la bibliografía (final del capítulo o del documento) y usar el comando "Bibliografía", seleccionando la primera opción (Bibliografía):

Bibliografía
Burgos Cuevas, D. (2019). *Excel de cero a experto*. Burgos, España: Independiente.

Burgos Cuevas, D. (2020). *Ingresos pasivos*. Burgos, España: Independiente.

Burgos Cuevas, D. (2021). *Word de cero a experto*. Burgos, España: Independiente.

También en la ficha "Referencias", vemos que hay 3 grupos que aún no hemos visto: "Títulos", "Índice" y "Tabla de autoridades". Estos elementos funcionan de manera muy similar entre sí, de modo que nos vamos a centrar en el grupo "Títulos" y los otros 2 los pasaremos un poco más rápido.

Anteriormente vimos como insertar un título a una imagen, ecuación, forma, etc., y vimos que al crear títulos para estos elementos luego podíamos utilizar referencias cruzadas para crear un enlace a dichos elementos. Sin embargo, al utilizar referencias cruzadas solo estamos haciendo referencia a un elemento en concreto, no podemos hacer una lista de todos los elementos con el mismo rótulo, y para esto es para lo que se utiliza una tabla de ilustraciones, para crear una tabla como si fuera un índice, pero en vez de incluir los títulos de los capítulos, vamos a incluir todas las imágenes, ecuaciones, formas… a los cuales hayamos puesto un título:

```
1 - Tras escribir, el cursor se posiciona a la derecha del texto escrito ......................... 9
2 - Tras mover el cursor de posición, podemos añadir nuevo texto ........................... 9
3 - La palabra "misterioso" está seleccionada................................................................ 10
4 - La palabra "misterioso" tiene aplicada la fuente Algerian ..................................... 11
5 - La palabra "misterioso" tiene tamaño de fuente 19 ............................................... 11
6 - Toda la frase está en "Poner en mayúsculas cada palabra".................................. 12
7 - La palabra "misterioso" está subrayada con línea discontinua de color verde.... 12
8 - El número 1 es un superíndice ................................................................................. 12
9 - La palabra "misterioso" tiene aplicado un efecto predefinido de color azul ...... 12
10 - La palabra "misterioso" tiene un color de resaltado verde.................................. 13
11 - La palabra "misterioso" tiene aplicado un color de fuente verde....................... 13
12 - Características del estilo predefinido "Normal"..................................................... 16
```

Sección 2: Elementos que no son texto

En la imagen de arriba vemos un ejemplo de tabla de ilustraciones, viendo aquí todas las ilustraciones de mi libro a las cuales he puesto un título. Para insertar una tabla de ilustraciones tenemos que pulsar en el comando "Insertar tabla de ilustraciones" y se nos abrirá una ventana como esta:

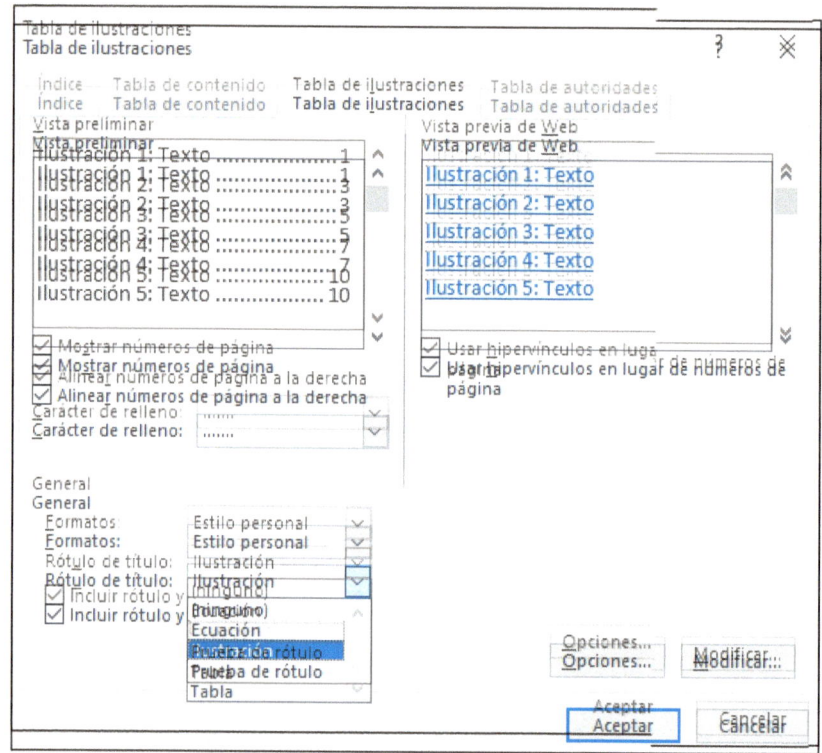

Aquí simplemente tenemos que elegir cual es el tipo de rótulo que queremos que aparezca en la tabla (en mi caso vemos que puedo crear una tabla de ecuaciones, de ilustraciones, de prueba de rótulo y de tablas). Recuerda que para que aparezcan elementos los habremos tenido que crear desde el comando "Insertar título" del mismo grupo en el que estamos, eligiendo el tipo de rótulo concreto, como vimos hace un par de clases.

Los comandos de "Insertar índice" e "Insertar tabla de autoridades" de las fichas "Índice" y "Tabla de autoridades" funcionan exactamente igual, solo que las entradas de la tabla las tendremos que crear desde los comandos "Marcar entrada" y "Marcar cita" de sus respectivos grupos, pero estos dos tipos de tabla son bastante raros de utilizar.

Sección 3: Formato de páginas

Como ya hemos dicho anteriormente, cuando estamos trabajando en un documento siempre debemos tener en cuenta los formatos y aplicarlos en la medida de lo posible (a menos que sea un documento simple a modo de nota para nosotros mismos), sin pasarnos aplicando formato a todos los textos y párrafos del documento, pero sin quedarnos cortos, facilitando así la futura lectura de nuestro documento terminado, y es que cuando creamos un documento es casi tan importante el formato con el que lo presentamos como el propio contenido: por ejemplo, a nadie le gusta leer un documento en el que es difícil encontrar los títulos porque son del mismo tamaño que el resto del texto (no hay formato aplicado), de la misma forma que tampoco gusta leer un documento en el que cada párrafo es de un color y tamaño diferente (demasiado formato).

Hasta ahora hemos visto dos maneras fundamentales de aplicar formato a nuestro documento: aplicando formato al texto y aplicando formato al párrafo. En esta sección vamos a ver la última de las formas principales en que podemos aplicar formato a nuestro documento: aplicar formato a la página. Para ello, durante esta sección nos vamos a centrar en las fichas "Diseño" y "Disposición", principalmente.

Cuando hablamos de aplicar formato a las páginas no hablamos de aplicar formato una por una a todas las páginas de manera individual, sino que, normalmente, el formato que apliquemos a una página se aplicará a todas ellas a la vez, lo cual no sólo nos ahorra tiempo, sino que nos evita que podamos aplicar un formato distinto a cada página, lo cual, como hemos dicho, sería malo para el formato ya que tendríamos muchos formatos diferentes en nuestro documento.

Ahora que hemos dicho que al aplicar formato a una página se aplicará a todas a la vez, será más fácil que te puedas imaginar en que consiste aplicar formato a las páginas, como por ejemplo, insertar una marca de agua en el centro de la hoja para reconocer nuestra autoría del documento, o insertar un encabezado en todas las hojas, o aplicar un estilo de margen concreto a todo el documento para luego poder imprimir y encuadernar el documento sin tener que perforar el texto.

Sección 3: Formato de páginas

Clase 3.1: Formatos predefinidos para el documento

Aunque esto no es muy utilizado, sobre todo si estamos trabajando en un documento algo extenso o que tenga cierta profesionalidad (ya que a estos tipos de documentos solemos preferir aplicarles un estilo propio y personalizado), lo cierto es que se puede utilizar uno de los formatos predefinidos que nos ofrece Word para aplicar a nuestro documento, y así evitar tener que aplicar los formatos manualmente.

Al utilizar uno de los formatos predefinidos del documento, lo que estamos haciendo es cambiar los formatos de los estilos del texto (ficha "Inicio", grupo "Estilos"), por lo que, si queremos que cambie algo en nuestra hoja al utilizar estos formatos predefinidos, antes tendremos que haber aplicado algún estilo a algún texto. Para entenderlo bien el funcionamiento de esto, lo mejor es abrir un fichero nuevo de Word (ficha "Archivo" => "Nuevo") y pegar algún texto sin formato (en su momento aprendimos a pegar sin formato, o también podemos pegar normal y usar el comando "Borrar todo el formato" en la ficha "Inicio").

Ahora que tenemos nuestro texto sin formato, vamos a insertar algún texto con el nombre del estilo que vamos a aplicar, como "Título 1" o "Referencia intensa", y a aplicarle dicho estilo:

Una vez aplicado el estilo, podemos pasar a aplicar el formato predefinido para el documento, lo cual haremos desde la ficha "Diseño", con cualquiera de los comandos del grupo "Formato del documento". Empezando por la izquierda, el primer comando es "Temas", que nos sirve principalmente para cambiar los colores de los estilos (en la imagen que vemos a continuación yo he usado el tema "Distintivo"):

Sección 3: Formato de páginas

Tras esto podemos seleccionar una de las opciones del recuadro para cambiar aún más el formato del documento y de forma igual de rápida que con el comando "Temas". Entonces, de esta forma tan simple como es aplicar los estilos correspondientes al texto, y usando dos comandos de la ficha "Diseño", habremos modificado enormemente la apariencia de nuestro documento (en la siguiente imagen, además del tema "Distintivo" que ya había utilizado anteriormente, he aplicado el formato "Sombreado"):

Por último, podemos utilizar el resto de los comandos del grupo "Formato del documento" para hace cambios manuales al formato, como cambiar la paleta de colores desde el comando "Colores", pudiendo incluso personalizar los colores en la parte de abajo del todo del desplegable, las fuentes, el espaciado de párrafos (ambos también personalizables), los efectos que se aplican a las ilustraciones que tengamos en el documento, y por último, podemos elegir la configuración que hayamos establecido como configuración predeterminada, para poder así aplicarla a todos los documentos nuevos que creemos.

Sección 3: Formato de páginas

Clase 3.2: Formato del fondo

Desde la ficha "Diseño", grupo "Fondo de página" podemos utilizar 3 comandos para editar el formato del fondo de nuestras páginas, "Marca de agua", "Color de página" y "Bordes de página".

De manera general, una marca de agua es un sello que se usa como un método de protección y autentificación, que generalmente se utiliza en elementos digitales (como fotos o videos) para reconocer la autoría de dicho elemento. Nosotros, cuando trabajemos en Word, normalmente no queremos que se reconozca nuestra autoría sobre un documento (aunque también puede ser el caso), sino que lo que pretendemos al usar una marca de agua es añadir información corta y relevante, como que el documento es un borrador y esta sin terminar, o que lo que estamos viendo es una plantilla y todos los datos son inventados. Las marcas de agua pueden ser texto o imágenes, y según el cometido que queramos que cumplan pueden ser de diferentes tamaños, estar en distintas posiciones, con mayor o menor transparencia, etc.

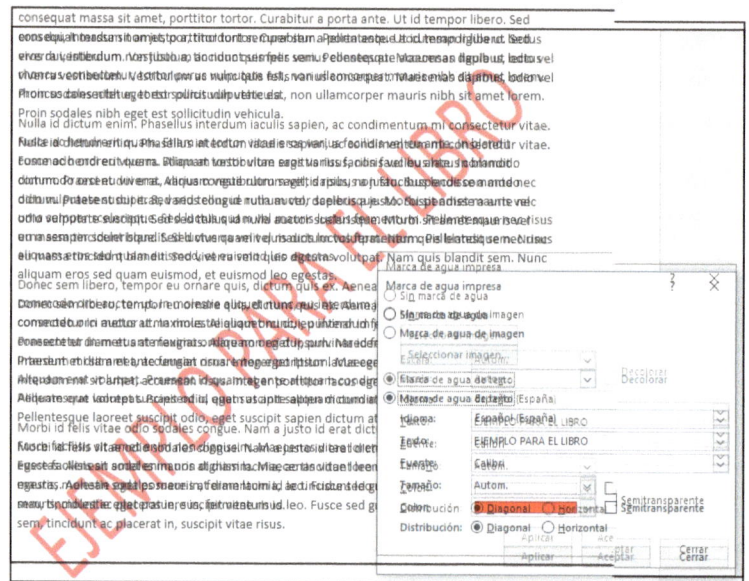

Para insertar una marca de agua tendremos que usar el comando "Marca de agua", del grupo "Fondo de página" en la ficha "Diseño". Al pulsarlo, vemos un desplegable en el que podemos seleccionar marcas de agua predefinidas, como "Borrador" o "No copiar", o en la parte de abajo podemos crear nuestra marca de agua personalizada, la cual si lo pulsamos nos aparece una ventana como la de la imagen de arriba, en la que podemos seleccionar que tipo de marca de agua queremos (imagen o texto) y tendremos que rellenar los datos según el tipo que hayamos elegido. Por último, si queremos quitar la marca de agua lo haremos una vez más desde el comando "Marca de agua" en la parte de abajo del todo del desplegable donde dice "Quitar marca de agua":

Sección 3: Formato de páginas

El comando "Color de página", como nos podemos imaginar, lo que hace es aplicar un color de fondo a todas las páginas del documento, de modo que el fondo de la página en vez de ser blanco será del color que elijamos. Si en el desplegable no aparece el color que queremos podemos pulsar en "Más colores", y si queremos aplicar algún efecto para que el fondo no sea un mismo color plano, podemos usar "Efectos de relleno", lo cual hace que nos aparezca una ventana para elegir el efecto deseado (puedes probar esto por tu cuenta, es totalmente intuitivo).

Sin embargo, aunque apliquemos un color de fondo y lo veamos perfectamente aplicado en nuestra área de trabajo, si intentamos imprimir este documento el color de fondo no aparecerá (más adelante veremos en detalle cómo imprimir nuestro documento, de momento solo entra a la ficha "Inicio" y pulsa en "Imprimir" sin hacer nada más, es solo para ver que la hoja sigue siendo blanca). Si queremos que este color de fondo sea imprimible tendremos que entrar a la ficha "Inicio", pulsar en "Opciones", en la parte de abajo, y en la ventana que aparezca, en el menú de la izquierda seleccionar "Presentación" (en versiones más antiguas de Word se llama "Mostrar", pero está en la misma posición del menú que en la imagen de abajo), marcar la casilla de "Imprimir colores e imágenes de fondo" y pulsar "Aceptar".

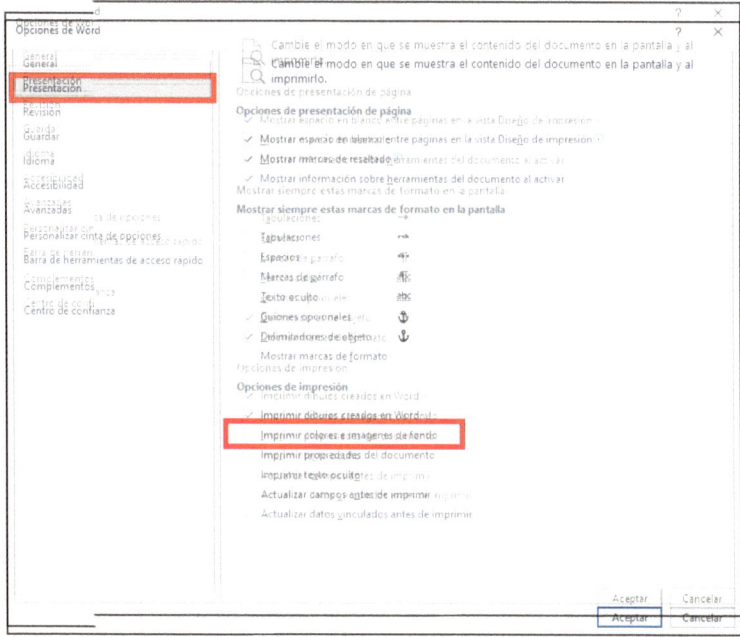

Al hacer esto, si volvemos a la ficha "Inicio" y pulsamos "Imprimir" veremos que ahora sí que aparece el color de fondo, pero hay que tener cuidado si vamos a imprimir un documento así en una impresora ya que gastará mucha tinta de color, y el resultado podría no ser muy bueno.

Sección 3: Formato de páginas

Por último, el comando "Bordes de página" nos abre una ventana con 3 pestañas:

- Bordes: nos permite cambiar el borde del párrafo seleccionado (ya lo vimos en el capítulo anterior)

- Borde de página: nos permite cambiar el borde de todas las páginas del documento, a bordes estándar y personalizables (como cambiar el color del borde, del tamaño, el estilo de línea, etc.) o incluso a bordes predefinidos con formas, como el ejemplo que vemos aquí con bordes de magdalenas.

- Sombreado: nos permite cambiar el sombreado del párrafo seleccionado (también lo vimos anteriormente).

Sección 3: Formato de páginas

Clase 3.3: Modos de visualización

La página en la que estamos trabajando puede presentarse de diferentes formas, con diferentes vistas, cada una de las cuales nos permite concentrarnos en aspectos distintos. Para cambiar de una vista a otra podemos usar los botones de la parte derecha de la barra de estado (la barra en la parte inferior del programa, justo a la izquierda del zoom), pudiendo cambiar desde aquí entre el modo de lectura, el diseño de impresión (que será el que tengamos seleccionado por defecto si no lo hemos cambiado manualmente) y el diseño web, o también podemos cambiar entre modos desde el grupo "Vistas" en la ficha "Vista", habiendo aquí dos modos nuevos, que son esquema y borrador.

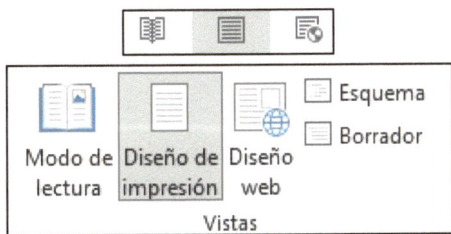

- Diseño de impresión: es el modo que tendremos seleccionado por defecto, y, por tanto, el que habremos estado utilizando hasta ahora a menos que lo hayamos cambiado manualmente. Permite visualizar la página tal y como se imprimirá, con gráficos, imágenes, encabezados, pies de página… y por supuesto nos permite editar todos estos elementos y crear nuevos. Esta es la vista que debemos usar cuando estamos creando un documento.
- Modo de lectura: oculta la cinta de opciones y todas las fichas, excepto "Archivo", "Herramientas" y "Vista", para así ver las páginas al completo. En este modo no podemos escribir ni modificar nada, lo único que nos permite es pasar de páginas. Para volver al modo de diseño de impresión podemos pulsar la tecla "Esc", usar la ficha "Vista" o usar el botón de la barra de estado.
- Diseño web: nos permite ver fondos con colores o texturas, el texto se ajusta a la ventana, y los gráficos se colocan del mismo modo en que lo harían si lo publicáramos en internet.
- Esquema: esta vista no es muy utilizada (por eso no aparece en la barra de estado), y se utiliza para crear y editar esquemas. Esta vista sólo muestra los títulos de un documento y resulta de particular utilidad para elaborar notas.
- Borrador: al igual que la anterior, esta vista apenas se utiliza, y su principal ventaja es la velocidad, por lo que si el ordenador va lento lo mejor es utilizar esta vista, a costa de ocultar otros elementos como imágenes, encabezados y pies de página, etc.

Normalmente, cuando estamos creando un documento, solo trabajaremos en el modo "Diseño de impresión", y el modo lectura puede ser útil cuando estamos leyendo un

Sección 3: Formato de páginas

documento que no hemos creado nosotros y al que no vamos a hacer modificaciones, por lo cual vemos que el 99% de los casos, estaremos usando el modo que nos abre Word por defecto, el modo "Diseño de impresión".

Aún en la ficha "Vista", después del grupo "Vistas" que acabamos de ver, tenemos más opciones que nos permiten modificar la forma en que vemos nuestro documento, como "Inmersivo", lo cual nos permite utilizar un lector para que lea en voz alta el texto que hemos escrito (si lo pruebas justo antes de una imagen verás la diferencia que hemos mencionado antes entre poner una descripción a la imagen o no ponerla).

Después tenemos el grupo "Movimiento de página", lo cual nos permite modificar la forma en que pasamos las páginas, de arriba abajo o de izquierda a derecha, imitando a un libro en papel.

Desde el grupo "Mostrar" podemos marcar o desmarcar 3 casillas que no tienen mucho que ver entre sí. Si marcamos "Regla" (puede que ya la tengas marcada no por defecto, sino porque lo mencionamos al principio del libro) nos aparecerán en la parte superior e izquierda de la hoja unas escalas graduadas que nos permiten ver y editar rápidamente los márgenes y sangrías de la hoja y del párrafo o texto que tengamos seleccionado. Si marcamos "Líneas de la cuadrícula", nos aparecerá en nuestra hoja una cuadrícula, como si nuestra hoja en vez de ser un folio fuese una hoja con cuadrícula para escribir. Por último, si marcamos "Panel de navegación", nos aparecerá a la izquierda el panel de búsqueda, el cual también podemos abrir usando el atajo de teclado "Ctrl" + "b" o desde la ficha "Inicio", grupo "Edición", comando "Buscar".

El grupo "Zoom", como podemos imaginar, nos permite modificar el zoom, y una función bastante útil es que nos permite cambiar entre el modo de vista de "Una página" y "Varias páginas". Si tenemos un monitor muy grande o tenemos aplicado muy poco zoom (70-80%), posiblemente nos ocurra que veamos a la vez dos páginas de nuestro documento, una a la izquierda y otra a la derecha, y esto es lo que ocurre si seleccionamos el modo "Varias páginas". Si queremos ver una sola página en nuestra pantalla tenemos dos opciones: aumentar mucho el zoom para que no quepan dos hojas a la vez en la pantalla, o usar el comando "Una página".

Como último grupo que vamos a ver en la ficha "Vista", tenemos el grupo "Ventana", que nos permite modificar la visualización de diferentes formas:

- Nueva ventana: abre una nueva ventana de Word, pero del mismo documento que tenemos abierto, para poder trabajar en dos lugares diferentes del mismo documento al mismo tiempo. Por ejemplo, si en la página 100 de nuestro documento estamos creando una tabla resumen con información que hemos dado en la página 20, para no tener que estar moviéndonos de página constantemente, podemos usar este comando para así estar en las páginas 20 y 100 al mismo tiempo. Este comando lo podemos usar tantas veces como

Sección 3: Formato de páginas

queramos, creando así nuevas ventanas que podemos ver al mismo tiempo, teniendo todas el mismo nombre del documento pero terminando en ":1", ":2", ":3", y así sucesivamente.

- **Organizar todo:** organiza todas las ventanas que tenemos abiertas en forma de cascada, para así verlas todas al mismo tiempo. Puede ser útil si tenemos abiertas solo dos ventanas, si tenemos más de dos no veremos gran cosa, pero podemos ocultar las cintas de opciones de cada ventana para ganar algo de espacio.
- **Dividir:** nos permite ver dos partes de nuestro documento al mismo tiempo, muy similar a crear una nueva ventana, pero en una sola ventana. Por defecto la división aparecerá en mitad de la pantalla, pero podemos cambiar el tamaño si pasamos el ratón por la línea de división, y cuando cambie de forma pulsamos y mantenemos el botón izquierdo del ratón y arrastramos hasta donde queramos la división. Después de usar este comando, el mismo comando pasará a llamarse "Quitar división", que usaremos para terminar la división de pantalla y volver a nuestra vista normal.
- **Ver en paralelo:** solo lo podremos utilizar si hemos usado el comando de "Nueva ventana" o si tenemos abierto cualquier otro documento de Word, y sirve para ver ambas ventanas en paralelo, una al lado de otra, y poder así ver de forma más cómoda el contenido de ambas al mismo tiempo, es decir, es como "Organizar todo", pero en vez de organizarlo en vertical lo organiza en horizontal. El tamaño de cada ventana será la mitad de la pantalla, pero, al igual que con dividir, podemos modificarlo si pasamos el ratón por la línea de división entre ambas ventanas, y cuando cambie de forma pulsamos y mantenemos el botón izquierdo del ratón y arrastramos hasta donde queramos la división.
- **Desplazamiento síncrono:** si has usado el comando "Ver en paralelo" posiblemente se te haya activado automáticamente también este comando, y lo que hace es igualar el desplazamiento de una ventana a la otra ventana paralela, es decir, que si usamos la ruleta del ratón o la barra de desplazamiento para movernos de página en un documento, también nos moveremos de página a la vez en el otro documento. Si no queremos que esto suceda, podemos pulsar el comando para desactivar esta opción, y así desplazarnos por independiente en cada ventana.
- **Restablecer posición de la ventana:** si al usar la vista en paralelo hemos cambiado el tamaño de las ventanas, este comando las reestablece a su posición original, es decir, la mitad de la pantalla para cada ventana.
- **Cambiar ventanas:** sirve para cambiar entre las ventanas de Word que tenemos abiertas, es exactamente lo mismo que cambiar de ventanas desde la barra de tareas de nuestro ordenador, como haríamos para cambiar a cualquier otro programa.

Sección 3: Formato de páginas

Clase 3.4: Encabezados y pies de página

Como concepto general y dicho de forma muy resumida, los encabezados y pies de página permiten que aparezca el mismo texto en la parte superior (encabezado) o inferior (pie de página) de todas las páginas de nuestro documento, como el título del documento, la fecha de impresión o el nombre del autor.

Ahora que tenemos claro el concepto general de encabezado y pie de página, podemos matizar un poco más, y es que los encabezados y pies de página son mucho más que texto plano, podemos aplicar formatos, añadir imágenes, formas, etc., y el texto no tiene por qué ser literalmente el mismo en todas las páginas, sino que podemos insertar por ejemplo el número de página al pie de página, de modo que todos los pies de página son "iguales", pues todos muestran la página en la que estamos, pero en la realidad todos son distintos, pues cada uno mostrará su propio número de página.

Para insertar encabezados o pies de página a nuestro documento tenemos que abrir la ficha "Insertar", grupo "Encabezado y pie de página", y pulsar en el comando que queramos insertar (mejor no usar directamente el comando "Número de página", es mejor crearlo cuando estemos editando el propio encabezado o pie de página). Cualquiera de los dos elementos que elijamos crear funciona exactamente igual, así que voy a continuar hablando de los encabezados, pero todo lo que veamos aplica exactamente igual para los pies de página.

Cuando pulsamos en el comando de "Encabezado" nos aparece un desplegable para que elijamos el estilo que queramos, el cual podremos cambiar más adelante, así que de momento vamos a crear uno en blanco para verlo todo desde cero. Entonces, nuestra área de trabajo quedará bloqueada y el texto cambiará a un color más gris (esto es solo hasta que salgamos de la edición del encabezado). En el margen superior de la hoja aparecerá el texto "Escriba aquí" (si hemos elegido el estilo en blanco, si no habrá otra cosa), y en la cinta de opciones vemos una nueva ficha, la ficha "Diseño", la cual veremos en un momento.

Si escribimos normal, veremos que nuestro texto reemplaza al "Escriba aquí", y así de fácil habríamos creado nuestro encabezado. Ahora podemos pulsar en el comando "Cerrar encabezado y pie de página", y si nos desplazamos por las páginas de nuestro documento veremos que todas tienen el encabezado que acabamos de escribir. Sin embargo, este es un encabezado demasiado simple, así que vamos a volver a entrar a modificar el encabezado, lo cual podemos hacer fácilmente pulsando doble click del ratón en el encabezado de cualquier hoja. A este texto le podemos aplicar formato normalmente, como haríamos con cualquier otro texto de nuestro documento, por lo que podemos seleccionar el texto y usar cualquiera de los comandos de la ficha "Inicio" para darle un formato que lo haga parecer un encabezado de verdad (centrar la alineación, usar un estilo de WordArt y aumentar el tamaño de fuente sería un buen comienzo).

Haciendo esto ya podríamos tener un encabezado bonito para nuestro documento, pero será igual en todas las páginas, y hemos dicho que no tiene por qué ser siempre literalmente igual, así que vamos a ver que más cosas podemos editar en el encabezado desde la nueva ficha "Diseño para encabezado y pie de página", con sus diferentes grupos:

- Encabezado y pie de página: los dos primeros comandos sirven para cambiar el estilo del encabezado o pie de página que hayamos elegido inicialmente. El comando "Número de página" nos permite insertar el número de página correspondiente a cada página del documento, en el lugar de la página que nosotros elijamos, con el formato que elijamos. Incluso hay algunos formatos que nos permiten insertar el número de página en mitad de la página, y otros que nos muestran no solo la página en la que estamos, sino también el número total de páginas del documento.
- Insertar: nos permite insertar diferentes elementos, como la fecha y hora con en diferentes formatos (se insertará la fecha y hora actuales, de modo que si abrimos el documento tres días más tarde seguirá mostrando la fecha y hora originales), diferentes tipos de información del documento o elementos rápidos e imágenes. Si insertamos una imagen la podremos modificar como haríamos con cualquier otra imagen normal, desde la ficha "Formato" que nos aparecerá en la cinta de opciones. Esto se utiliza la mayoría de las veces para repetir en todas las páginas el logo de la empresa, pero sin ponerlo tan en medio como haría una marca de agua.
- Navegación: nos permite desplazarnos rápidamente por los encabezados y pies de página de nuestro documento. Personalmente, yo no lo utilizo, ya que me parece más cómodo moverme usando la barra de desplazamiento, así además sé en todo momento en que página estoy.
- Opciones: permite marcar o desmarcar diferentes opciones:
    - Primera página diferente: define un encabezado y pie diferente para la primera página, por ejemplo, para que en la portada no aparezca el número de página al pie de página.
    - Páginas pares e impares diferentes: permite definir un encabezado y pie diferente para las páginas pares e impares, como por ejemplo en los encabezados poner el texto alineado a la derecha para las páginas impares (ya que es la hoja que irá a la derecha al imprimir) y alineado a la izquierda en las páginas pares (ya que es la hoja que irá a la izquierda al imprimir).
    - Mostrar texto del documento: muestra la parte del documento que no está en el encabezado o pie de página.

Sección 3: Formato de páginas

- Posición: nos permite establecer cuanto espacio dejamos en nuestras páginas antes del encabezado (encima) y después del pie de página (debajo) (un valor 0 para el encabezado hará que el encabezado esté tocando con el borde de la hoja, no hay espacio).
- Cerrar: ya lo hemos visto antes, con un solo comando, que cierra la edición del encabezado o pie de página y nos permite seguir trabajando con nuestro documento.

Por último, mencionar que los encabezados y pies de página se pueden utilizar de forma simultánea, aunque todo el rato hayamos hablado de crear un encabezado "o" pie de página, y que cualquiera de los estilos predefinidos lo podríamos crear manualmente, solo que nos llevaría mucho tiempo, pero una vez creado podemos adaptarlo por completo a nuestros gustos, pues no será más que un conjunto de formatos para el texto, imágenes, formas, etc.

Sección 3: Formato de páginas

Clase 3.5: Disposición de la página

Hasta ahora hemos utilizado y editado la mayoría de los elementos que nos ofrece Word, como texto, imágenes, tablas, encabezados, pies de página, etc., y hemos visto que algunos elementos solo aparecen en áreas concretas de nuestra hoja, como los encabezados (que aparecen en la parte superior), los pies de página (que aparecen en la parte inferior), o incluso el propio texto, que "solo" aparece en medio de nuestra área de trabajo, pero no llega hasta los bordes de la hoja.

En clases anteriores ya hemos hablado de los márgenes laterales de la hoja, y de cómo los podíamos modificar desde el grupo párrafo o con las reglas superior e izquierda, y de forma similar para los espaciados superior e inferior de los encabezados y pies de página respectivamente, pero puede que aún nos queden algunas dudas sobre cómo se distribuyen los márgenes y espaciados en nuestra hoja, así que vamos a fijarnos en el siguiente esquema:

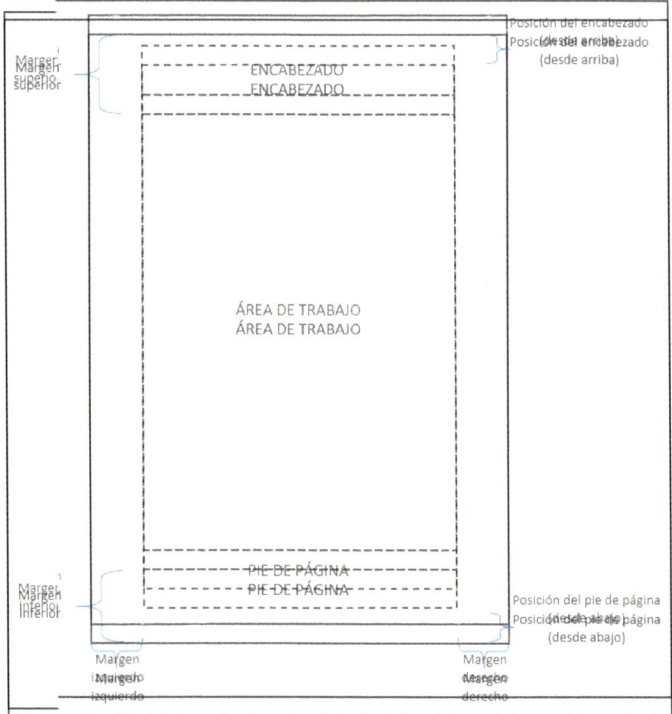

Si tenemos claro este esquema, usar los comandos de la ficha "Disposición" para cambiar la disposición o configuración de nuestra hoja no será ningún problema.

Para empezar, en el grupo "Configurar página" tenemos el comando "Márgenes", que nos permite modificar los márgenes aplicados a nuestras páginas, tanto con estilos de márgenes predefinidos como personalizados. Si usamos la opción de "Márgenes personalizados" se abre una ventana en la que veremos cada uno de los valores de los márgenes de nuestra hoja, y nos permite modificarlos y seleccionar a qué parte del

Sección 3: Formato de páginas

documento queremos aplicar los cambios (a todo el documento o de esta hoja en adelante), así como cambiar la orientación de la hoja entre vertical y horizontal (apaisado). Si en esta misma ventana cambiamos a la pestaña "Papel", podremos cambiar el tamaño de nuestra hoja, que por defecto sería un folio de tamaño normal A4, pudiendo elegir otros tamaños de papel estándar (A3, A5, carta...) o introducir a mano los valores de alto y ancho de nuestra hoja. Por último, desde la pestaña "Disposición" podremos elegir dónde empezar una nueva sección (a continuación de la anterior, con un salto de página, en la próxima página par o impar...), editar elementos de encabezados que vimos en la clase anterior, y elegir la alineación general de la hoja (por ejemplo, si queremos empezar a escribir en la hoja por la parte de abajo).

Los siguientes dos comandos del grupo "Configurar página" permiten cambiar la orientación y tamaño de la hoja, lo cual acabamos de explicar desde el comando "Márgenes", así que no tiene mayor explicación. Por su parte, el comando "Columnas" nos permite organizar nuestro texto (el que tengamos seleccionado) en forma de columnas, pudiendo elegir entre una de las opciones que nos ofrece Word, o personalizando nuestro número de columnas si pulsamos en "Más columnas". El texto, aunque lo tengamos en forma de columnas, sigue siendo texto, por lo que cualquiera de los comandos de la ficha "Inicio" funciona exactamente igual, pudiendo cambiar los tipos de fuente, alineaciones, estilos, etc. También, si tenemos activada la opción de mostrar las reglas (ficha "Vista", grupo "Mostrar"), podremos ver en la regla superior que podemos editar el ancho de las columnas, aunque no lo hayamos hecho desde el comando "Más columnas".

> Lorem ipsum dolor sit amet, consectetur adipiscing elit. Praesent congue, quam quis laoreet dignissim, eros lectus dapibus felis, id interdum erat diam eu tellus. Donec rutrum interdum mi at interdum. Etiam nibh tortor, malesuada cursus nunc at, lobortis egestas eros. Suspendisse et posuere urna. Sed sit amet iaculis nisi. Duis ipsum ligula, sodales non luctus sed, gravida vitae turpis. Pellentesque habitant morbi tristique senectus et netus et malesuada fames ac turpis egestas. Suspendisse convallis quis augue at efficitur. Pellentesque vitae odio eu justo semper finibus quis ultrices est. Praesent et nunc risus. Donec non erat bibendum, gravida est id, semper tellus. Pellentesque at malesuada erat. Praesent sagittis arcu dui, sollicitudin bibendum nunc rhoncus vitae. Duis aliquam nec nibh sit amet sagittis. Nunc eu sagittis felis. Nulla aliquam, lacus at auctor aliquam, ante nulla pulvinar arcu, at molestie risus libero nec velit.

El comando "Saltos" nos muestra un desplegable desde el que podemos elegir diferentes tipos de salto, desde un salto de página normal (como el que damos desde el grupo "Páginas" de la ficha "Insertar"), hasta saltos más específicos, como saltar de columna (solo lo veremos si estamos escribiendo en columnas, si no parecerá un salto de página normal), o saltos hasta la siguiente página par o impar (lo cual es especialmente útil al escribir un libro, para hacer que todos los nuevos capítulos o secciones empiecen siempre en una página par o impar, según prefiramos).

El comando "Número de línea" nos permite insertar el número de línea correspondiente a cada línea en el margen izquierdo de la página, pudiendo elegir diferentes tipos de numeración, como continua (se numeran todas las líneas del documento desde la primera de la primera página hasta la última de la última página), o con diferentes tipos de reinicio (la numeración vuelve a empezar por el 1 cada página, cada sección o según elijamos).

El comando "Guiones" nos permite activar la opción de utilizar guiones automáticamente al final de las líneas en caso de que en una línea ya no quede espacio de escritura y no se pueda terminar de escribir una palabra en dicha línea, de modo que la palabra quedará sin terminar de escribir, aparecerá un guion y se terminará de escribir la palabra en la siguiente línea.

Desde el grupo "Párrafo" podemos editar las sangrías y espaciados, lo cual ya aprendimos a hacer desde el grupo "Párrafo" de la ficha "Inicio", y si pulsamos el iniciador de cuadro de diálogo (esquina inferior derecha del grupo) en cualquiera de estos dos grupos la ventana que nos aparece es la misma, por lo que no vamos a repetir todo lo que podemos hacer desde aquí.

Sección 4: Acciones finales

En esta sección nos vamos a centrar en acciones que no son relativas a crear, escribir y modificar el documento como tal, sino que nos van a ayudar de diferentes formas a tener un cierto control adicional sobre nuestro documento, ya sea en temas relativos a nuestra organización interna como escritores (gracias a los comentarios y control de cambios entre otros), a facilitar las labores relativas a la revisión (gracias a las correcciones ortográficas y gramaticales, o, una vez más, al control de cambios) o a hacer llegar el documento terminado al lector final de la mejor forma y con el mejor aspecto posible (como por ejemplo, gracias a la impresión).

Mejorar nuestra organización interna nos ayuda, por ejemplo, ya que si el documento que escribimos es corto, desde que lo empezamos hasta que lo terminamos no perdemos la concentración y recordamos todo lo que hemos escrito y por qué lo hemos escrito así y no de otra manera, pero si el documento es largo y vamos a tardar varios días en escribirlo, lógicamente no lo haremos todo seguido, y desde que escribimos una cosa hasta que la volvemos a leer varios días más tarde, se nos ha podido olvidar por qué lo hemos hecho de esta forma y no de otra, o incluso si lo que hemos escrito es correcto, y nos pasará más aún si el documento lo estamos creando en colaboración con alguien más, en cuyo caso ya no es que no recordemos por qué algo es así, sino que realmente no lo sabremos porque no lo habremos escrito nosotros.

Las labores de revisión van muy de la mano con las de organización, ya que después de escribir nuestro documento tenemos que asegurarnos de que está todo bien escrito, y de que hemos escrito todo lo que debíamos escribir, sin dejarnos nada pendiente.

Por último, una vez terminado nuestro documento se lo tendremos que hacer llegar al lector final, lo cual podremos hacer imprimiendo el documento y entregándoselo en folios al lector final, o guardándolo en una carpeta si es para nosotros, entre otras formas de hacer llegar el documento al usuario final.

Sección 4: Acciones finales

Clase 4.1: Comentarios y control de cambios

Un comentario es una nota que dejamos para leer nosotros mismos en el futuro (u otra persona si compartimos el fichero con ellos), que sirve para aclarar algo al escritor (o escritores) del documento, pero que normalmente no deberá leer el lector final. Un comentario nos puede servir para multitud de propósitos, como, por ejemplo, para recordarnos que no hemos terminado de escribir un párrafo, pero apuntamos las ideas generales de lo que vamos a escribir, para explicar a un colaborador del documento por qué hemos hecho algún determinado cambio, o para pedir a ese mismo colaborador que haga algún cambio en algún lugar concreto, entre otros ejemplos.

Por tanto, los comentarios no es algo que solo podamos escribir al final del documento, sino que, de hecho, es mejor escribirlos a medida que escribimos nuestro documento, ya que si no más tarde se nos olvidarán. Sin embargo, lo que sí deberíamos hacer siempre al terminar de escribir un documento, o incluso por cada capítulo que terminemos, es repasar todo lo que hayamos escrito en busca de comentarios, ya que la mayoría de las veces los comentarios serán recordatorios, por lo que puede que tengamos esa parte del documento incompleta (terminar de escribir un párrafo, aplicar un formato a un título, insertar una imagen...).

Un comentario está asociado a un lugar o elemento concreto del documento, por lo que antes de insertar el comentario tendremos que seleccionar el texto u objeto (imagen, forma, tabla...) que queremos comentar. Tras eso, en la ficha "Revisar", grupo "Comentarios", pulsaremos sobre el comando "Nuevo comentario", y a la derecha de la pantalla nos aparecerá una ventana para escribir nuestro comentario, y una flecha señalando al elemento que estamos comentando:

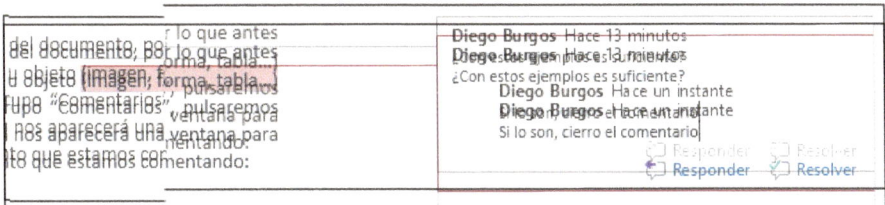

Al escribir un comentario aparece nuestro nombre de usuario, lo cual es muy útil si estamos trabajando varias personas en un mismo fichero, y al seleccionar el comentario vemos que nos aparecen dos botones: "Responder", que sirve para añadir un comentario adicional (es como el comentario del comentario), y "Resolver", que sirve para dar el comentario por finalizado, pero sin eliminarlo, de modo que aún podamos leerlo.

Dentro aún del grupo "Comentarios" tenemos los comandos "Anterior" y "Siguiente", que nos sirven para buscar el resto de comentarios de nuestro documento, ya estén resueltos o sin resolver. El comando "Eliminar" solo estará activo si tenemos un comentario seleccionado, y lo que hace es borrar el comentario por completo, de modo

Sección 4: Acciones finales

que en cuanto lo eliminemos ya no podremos leerlo más, por lo que conviene pensar si realmente queremos eliminar el comentario o solo resolverlo. Por último, el comando "Mostrar comentarios" nos permite mostrar u ocultar los comentarios en nuestra pantalla, poniendo simplemente un pequeño icono de un bocadillo en el margen derecho en cada línea que haya un comentario, y para leer el comentario tendremos que pulsar en dicho icono.

Aunque aún no hayamos explicado en profundidad cómo imprimir nuestro documento, conviene señalar que, aunque utilicemos el comando de "Mostrar comentarios" para desactivar los comentarios en nuestra hoja, estos aún se mostrarán si intentamos imprimir la hoja, lo cual podemos comprobar desde la ficha "Inicio", comando "Imprimir", y si lo que queremos es no mostrar estos comentarios en la impresión tenemos que pulsar en "Imprimir todas las páginas" y desactivar la casilla de "Imprimir documento con revisiones":

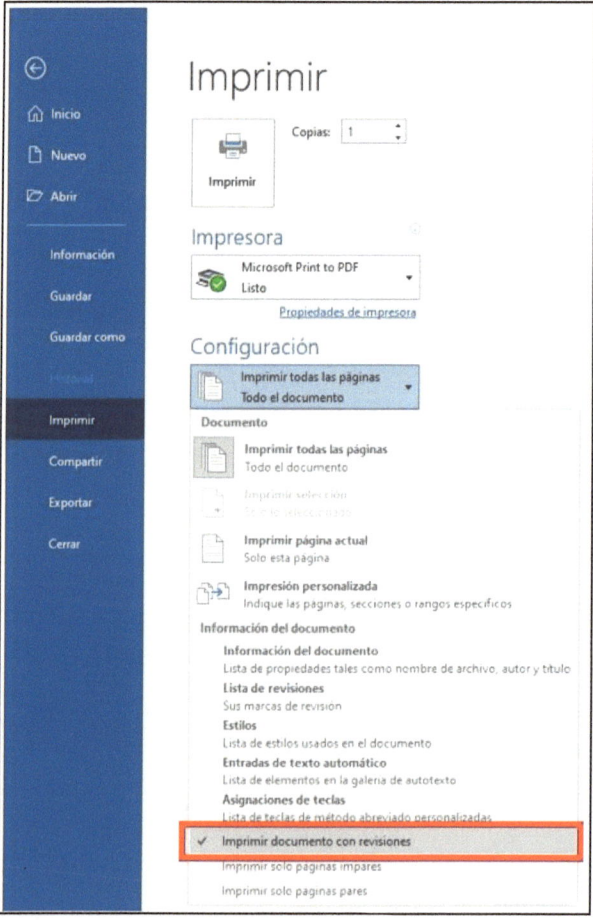

Aún en la ficha "Revisar", los grupos "Seguimiento" y "Cambios" pueden ser una ayuda adicional a los comentarios, tanto si estamos trabajando en el documento en colaboración con otras personas como si trabajamos nosotros solos, ya que nos permite

Sección 4: Acciones finales

realizar un seguimiento de los cambios que estamos realizando sobre el documento, ya sea al escribir cosas nuevas, al eliminar lo que acabamos de escribir, al eliminar cosas antiguas, al aplicar formatos…

Para activar el control de cambios tendremos que usar el comando con el mismo nombre en el grupo "Seguimiento". El comando "Mostrar para revisión" debería estar por defecto en "Todas las revisiones", pero lo podemos cambiar al tipo de revisiones que queremos que se nos muestren. El comando "Mostrar revisiones" nos permite aplicar un filtro para mostrar solo ciertas revisiones, como las que ha realizado un determinado usuario, las que son relativas a comentarios, etc. El último comando del grupo, "Panel de revisiones", nos permite mostrar un cuadro en la parte izquierda o inferior de la pantalla para ver todas las modificaciones al documento, quien las ha hecho, dónde, y de que tipo han sido. En las siguientes imágenes vemos un ejemplo en el que, desde que he activado el control de cambio he realizado 4 cambios:

1. Eliminar el título de clase "Clase 4.1: Escribir comentarios". Este título está en otra parte del documento, por lo que no lo vemos en la segunda imagen, la cual muestra nuestra área de trabajo.
2. Aplicar un formato de resaltado al texto marcado en amarillo en la segunda imagen.
3. Eliminar el texto "Este comentario es antiguo". Como es una modificación aún sin aprobar (lo veremos en un momento), en la segunda imagen vemos que dicho texto aparece en rojo, pero además como la modificación ha sido eliminar este texto, aparece tachado.
4. Añadir el texto "Este comentario es nuevo, y no va a ser eliminado". Como el nuevo texto es una modificación aún sin aprobar el texto completo aparece en rojo en la segunda imagen.

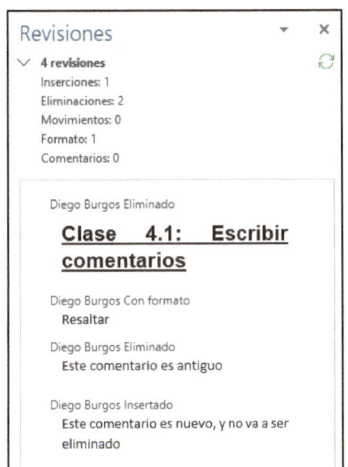

Cada vez que realizamos una modificación, esta aparece en el panel de revisiones (primera imagen), y evidentemente también se nos tiene que mostrar en nuestra área

Sección 4: Acciones finales

de trabajo (segunda imagen), pero en el área de trabajo las modificaciones quedan marcadas hasta que son aprobadas, lo cual haremos desde el grupo "Cambios": Con los botones "Anterior" y "Siguiente" nos podemos desplazar por las distintas modificaciones que tiene el documento, y con los botones "Aceptar" y "Rechazar" podemos admitir o no admitir dichos cambios. Si lo aceptamos se producirá el cambio, y si lo rechazamos volverá al estado anterior, perdiendo en ambos casos el formato que se había aplicado automáticamente para indicar que el cambio estaba pendiente de aprobar o rechazar.

Por último, desde el comando "Comparar" podemos comparar dos documentos diferentes para encontrar rápidamente las diferencias, lo cual, en caso de utilizarlo, se debería hacer con dos versiones diferentes de un mismo documento, en caso de que no hayamos activado el control de cambios y no sepamos los cambios que hemos realizado, no con dos documentos totalmente diferentes, pues en ese caso, como es lógico, Word nos va a marcar diferencias en todas partes.

Además, este comando "Comparar" también nos permite unificar dos documentos, lo cual también deberíamos hacer con dos versiones de un mismo documento, no con dos documentos completamente diferentes, pues lo que hará será crear un solo documento que tenga los cambios que hemos realizado en ambos, lo cual puede ser útil si dos personas nos hemos puesto a editar un mismo documento y cada uno hemos terminado con una versión diferente.

Sección 4: Acciones finales

Clase 4.2: Corrección ortográfica y gramatical

Conforme vamos escribiendo texto en Word, podremos ver que este subraya ciertas palabras con una línea ondulada roja. Esto significa que Word no encuentra esta palabra en su diccionario, y que por lo tanto nos está avisando de que está mal escrita. Cuando tenemos una palabra subrayada de este tipo, podemos pulsar con el botón derecho del ratón sobre ella, y veremos un menú emergente donde nos dará las posibles opciones de corrección de esa palabra (sugerencias de palabras que Word cree que hemos querido escribir), podemos omitirla y dejarla como está escrita, agregar la palabra al diccionario para que no nos vuelva a dar error, elegir el idioma con el que la estamos escribiendo, etc.

Si el texto está subrayado en azul, lo que nos quiere decir es que ha detectado un posible error gramatical, como un artículo que esté en singular y su sujeto esté en plural (el coches son verdes); o signos de puntuación, como puntos o comas. Si el error es gramatical el menú nos muestra el error detectado y algunas posibles soluciones:

Sección 4: Acciones finales

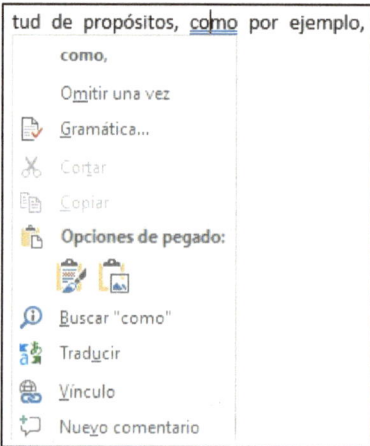

También tenemos la posibilidad de, en vez de ir corrigiendo de una en una cada palabra mal escrita, esperar a acabar de escribir todo el documento, y corregir todo a la vez. Esta opción está dentro de la ficha "Revisar", grupo "Revisión", comando "Ortografía y gramática"

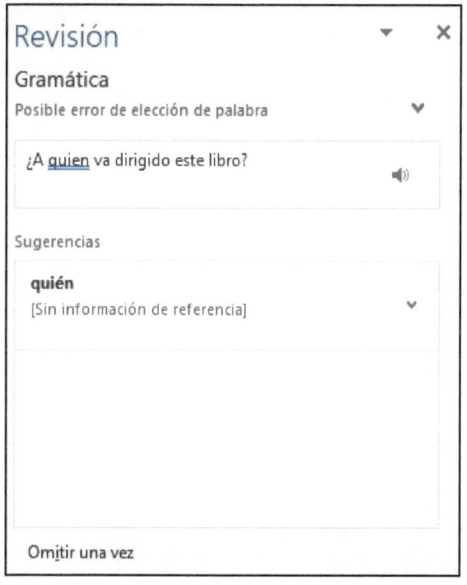

Al pulsar el comando, nos aparecerá a la derecha de la pantalla una ventana de revisión, en la que aparecerá la primera palabra mal escrita del documento, indicándonos si el error el gramatical u ortográfico, sugiriéndonos una o varias opciones de corrección, dándonos la opción de omitir el error, de agregarlo al diccionario o de cambiar de idioma (en la imagen de ejemplo lo que deberíamos hacer es cambiar de idioma, pues la palabra "Corporation" no es que esté mal escrita, es que es una palabra en inglés). Cuando seleccionamos qué hacer con una palabra, pasará a la siguiente palabra con errores, y así consecutivamente hasta que ya no quede ningún error en el documento.

Sección 4: Acciones finales

Además, Word nos permite activar una opción de autocorrección (en realidad suele estar activada por defecto), para que el propio programa nos corrija automáticamente las palabras que están mal escritas pero que son muy parecidas a las de su diccionario, por ejemplo, si escribimos "qeu" nos lo corregirá a "que". Para ello, tendremos que pulsar en la ficha "Archivo", pulsar "Opciones", seleccionar la pestaña "Revisión", pulsar en "Opciones de Autocorrección" y seleccionar la casilla de "Usar automáticamente las sugerencias del corrector ortográfico". Aquí podemos ver otras varias opciones relativas a la autocorrección, como corregir dos mayúsculas seguidas, y otras opciones de autocorrecciones matemáticas, de formato, etc., e incluso antes de pulsar el botón de "Opciones de Autocorrección" también tenemos varias casillas para marcar o desmarcar que afectan a la corrección y autocorrección.

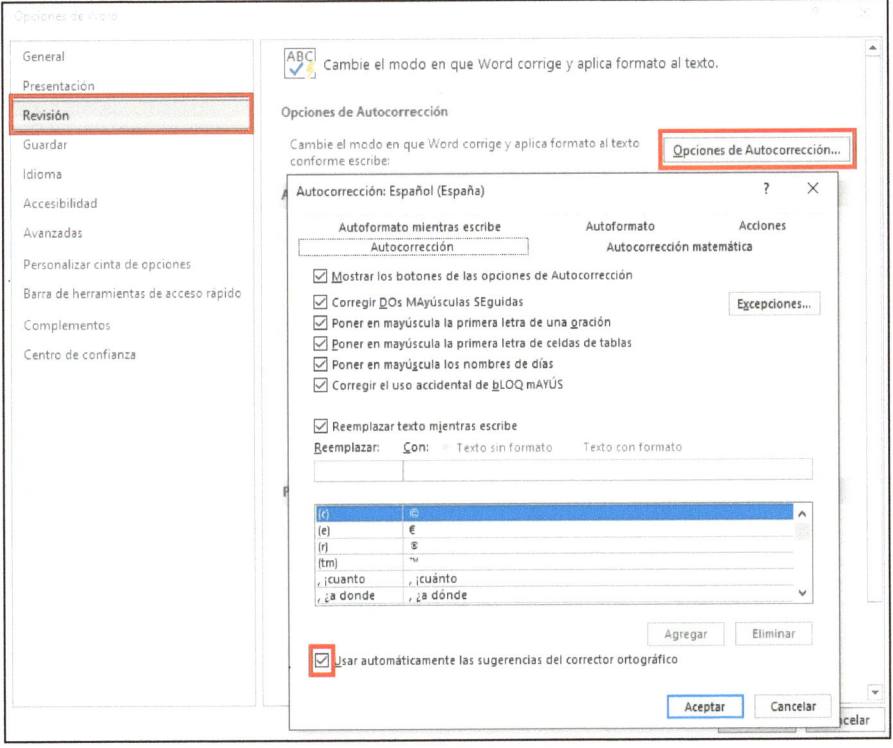

También contamos con un diccionario de sinónimos, y para usarlo simplemente tendremos que seleccionar una palabra y usar el comando "Sinónimos" del grupo "Revisión". Entonces nos aparecerá a la derecha de la pantalla una ventana en la que veremos los sinónimos que Word ha encontrado, y podremos elegir uno de ellos para reemplazar a nuestra palabra original, pulsando en el desplegable y seleccionando "Insertar".

Como ya sabemos, en la barra de estado (barra en la parte inferior del programa) podemos ver datos del documento como el número de páginas o número de caracteres del documento, pero si queremos ampliar la información, u obtener esta misma

Sección 4: Acciones finales

información de un fragmento concreto del documento, podemos seleccionar el texto que queramos y pulsar el comando "Contar palabras", lo cual nos dirá cuántas páginas ocupan el texto seleccionado y de cuantas palabras, líneas, caracteres, etc. se compone:

Por último, aún en la ficha "Revisar", el grupo "Idioma" nos permite traducir el texto seleccionado al idioma que queramos sin salir de Word con el comando "Traducir" o seleccionar el idioma de corrección con el comando "Idioma". En ambos casos nos hará falta conexión a internet, para el comando "Idioma" para descargar el nuevo diccionario (una vez descargado ya no hace falta seguir conectados a internet) y para el comando "Traducir" si que nos hará falta internet cada vez que queramos traducir algo.

Sección 4: Acciones finales

Clase 4.3: Imprimir el documento

A lo largo del libro, en un par de ocasiones hemos llegado a ver la previsualización de la impresión, para que se imprimiera el color de fondo que apliquemos a nuestras hojas y para ocultar los comentarios a la hora de imprimir el documento, pero en ningún momento hemos visto cómo imprimir el documento como tal, o como pasarlo a otros formatos digitales, como pdf.

Imprimir el documento será siempre el último paso a realizar, pues esto supone que nuestro documento está completo, revisado, y con todos los formatos aplicados (a los textos, a las ilustraciones, a los encabezados, a los márgenes, al tamaño del papel...), aunque también podríamos imprimirlo como un borrador cuando estemos muy cerca de terminar, para leerlo como lo haría el lector final y comprobar si hay algo que nos gustaría cambiar (por ejemplo, podría ocurrir que un título al que hemos aplicado un color de letra amarillo, al imprimir el documento dicho título en amarillo no sea tan visible como parecía desde nuestro ordenador, y decidamos cambiar el color antes de dar el fichero por finalizado e imprimir de nuevo el documento).

Para imprimir el documento tendremos que pulsar en la ficha "Archivo", seleccionar "Imprimir", elegir la impresora y la configuración que queramos y pulsar en el botón de "Imprimir":

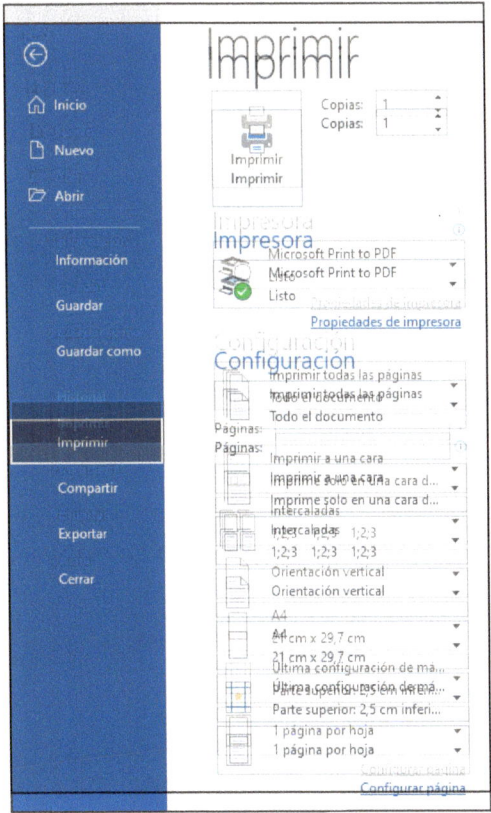

Sección 4: Acciones finales

Vamos a empezar a ver los desplegables bajo el título "Configuración", y es que si hemos aplicado la disposición de página como explicamos hace unas clases, desde aquí no tendremos que modificar prácticamente nada:

- Imprimir todas las páginas: si dejamos esta selección por defecto, se imprimirán todas las páginas de nuestro documento, y con el desplegable podemos elegir concretamente qué páginas imprimir (solo la actual, las que tengamos seleccionadas o un rango que introduzcamos a mano, como 5-10 para imprimir las páginas entre la 5 y la 10). También nos permite modificar algunos aspectos de visualización, como imprimir los comentarios o no, como vimos anteriormente.
- Imprimir a una cara: para elegir si queremos imprimir los folios a una sola cara o a dos. Dependiendo de nuestra impresora, imprimir a dos caras lo podría hacer automáticamente o nos puede pedir que volvamos a introducir los folios de una manera concreta para imprimir así la segunda cara.
- Intercalado: en caso de que vayamos a imprimir el mismo documento varias veces (vamos a suponer que queramos imprimir un documento de 70 páginas 3 veces), desde aquí podemos seleccionar si queremos que se imprima el documento completo una vez, luego otra y luego otra (para así tener nuestras 3 copias), o si queremos que se imprima 3 veces la página 1, luego 3 veces la página 2, luego 3 veces la página 3, y así hasta llegar a la última (esta forma es muy poco útil, y no se utiliza casi nunca).
- Orientación vertical: para cambiar la orientación de la hoja entre vertical u horizontal, como vimos en la ficha "Disposición".
- A4: nos permite cambiar el tamaño de la hoja, como también vimos en la ficha "Disposición". Hay que tener en cuenta que si vamos a pasar el fichero a un formato digital como pdf no hay problema en elegir el tamaño que queramos, pero si lo vamos a imprimir en papel en una impresora hay que tener en cuenta qué tamaño de papel admite la impresora.
- Última configuración de márgenes: para cambiar los márgenes de la hoja, como también vimos en su momento en la ficha "Disposición".
- 1 página por hoja: nos permite elegir cuantas páginas queremos imprimir por cada folio. Si lo dejamos en 1 página por hoja, al imprimirlo veremos una página de nuestro documento por cada folio impreso (tamaño real), pero si lo cambiamos a 2 páginas por hoja, en un folio impreso veremos dos de las páginas de nuestro documento (el tamaño estará al 50%, en el primer folio veremos nuestras páginas 1 y 2) y si lo cambiamos a 4 páginas por hoja en un folio impreso veremos 4 de nuestras páginas (el tamaño estará al 25%, y en el primer folio veremos nuestras páginas 1, 2, 3 y 4).

Esto nos sirve para imprimir un documento sin gastar mucho papel, pero hay que tener en cuenta que cuantas más páginas por hoja pongamos menor será el tamaño, y por tanto más difícil será de leer. Esto se suele utilizar al imprimir

Sección 4: Acciones finales

borradores, nunca para entregar el documento al lector final, ya que pierde mucha profesionalidad.

Después de todos estos desplegables tenemos el botón de "Configurar página", que nos permite modificar en una ventana todas las configuraciones que hemos estado viendo.

Como último paso antes de imprimir, tendremos que elegir la impresora que queramos utilizar, y es que imprimir un documento no solo quiere decir pasarlo a papel, sino también pasarlo a otros formatos digitales como pdf, para lo cual podemos usar impresoras virtuales como la que vemos en la imagen seleccionada por defecto: "Microsoft Print to PDF", lo cual se traduciría como "Microsoft Imprimir a PDF". Si lo que queremos es imprimir el documento en una impresora de verdad, en papel, tendremos que seleccionar una impresora que tengamos conectada a nuestro ordenador, ya sea con cable o con red.

Cuando tengamos nuestra impresora seleccionada, podemos pulsar en "Propiedades de impresora" para seleccionar algunos ajustes adicionales propios a la impresora, como imprimir en color o en blanco y negro, por qué bandeja queremos que salga... Como hemos dicho, estos ajustes son propios de la impresora física, por lo que en una impresora digital apenas veremos ajustes para realizar, y serán los mismos que ya hemos hecho anteriormente, como seleccionar la orientación o el tamaño de papel.

Una vez que tenemos todos nuestros ajustes seleccionados, solo nos queda elegir el número de copias (en caso de que queramos más de una) y pulsar en el botón de "Imprimir". Si hemos decidido imprimir en papel no se nos pedirá hacer nada más, y el documento empezará a aparecer en nuestra impresora, pero si nuestra impresión consiste en pasar el fichero a pdf aún tendremos que seleccionar la ubicación para guardar dicho fichero, simplemente buscamos la carpeta, pulsamos en aceptar y ya tendremos nuestro fichero pdf en dicha ubicación.

Sección 4: Acciones finales

Clase 4.4: Atajos de teclado

Aunque los atajos de teclado no sean acciones a realizar al finalizar el documento, sino que los podemos utilizar a medida que trabajamos para facilitarnos el trabajo, vamos a utilizar esta última clase del libro como recopilatorio de los diferentes atajos de teclado que hemos visto a lo largo del libro e incluso añadir algunos que no hemos mencionado (hay que tener en cuenta que muchos de los atajos de teclado son diferentes según tengamos la configuración de idioma en el ordenador):

Combinación de teclas	Acción realizada (España)	Acción realizada (América)
Ctrl + P	Imprimir	Imprimir
Ctrl + E	Seleccionar todo	Centrar el texto
Ctrl + C	Copiar	Copiar
Ctrl + V	Pegar	Pegar
Ctrl + X	Cortar	Cortar
Ctrl + N	Aplicar formato negrita	Crear un nuevo documento
Ctrl + S	Aplicar formato subrayado	Guardar
Ctrl + K	Aplicar formato cursiva	
Ctrl + Z	Deshacer	Deshacer
Ctrl + Y	Rehacer	Rehacer
Ctrl + B	Buscar	Aplicar formato negrita
Ctrl + L	Reemplazar	Alinear texto a la izquierda
Ctrl + I	Ir a	Aplicar formato cursiva
Ctrl + A	Abrir un documento	Seleccionar todo
Ctrl + U	Crear un nuevo documento	Aplicar formato subrayado
Ctrl + R	Cerrar Word	Alinear texto a la derecha

En la siguiente tabla tenemos teclas o combinaciones de teclas que nos ayudan a desplazarnos por nuestro documento:

Combinación de teclas	Para desplazarse
Inicio	Al inicio de la línea
Fin	Al final de la línea

Sección 4: Acciones finales

Ctrl + Inicio	Al inicio del documento
Ctrl + Fin	Al final del documento
Ctrl + → (flecha derecha)	A la siguiente palabra
Ctrl + ← (flecha izquierda)	A la palabra anterior
Ctrl + ↓ (flecha abajo)	Al siguiente párrafo
Ctrl + ↑ (flecha arriba)	Al párrafo anterior
Av Pág	A la página siguiente
Re Pág	A la página anterior

Esta tabla ya está en una clase anterior, pero vamos a repetirla aquí de nuevo, en la que tenemos formas rápidas de seleccionar texto con el ratón:

Selección	Forma de seleccionarlo
Una palabra	Doble click de ratón en la palabra
Una frase	Mantener la tecla Control y pulsar con el ratón un lugar cualquiera de la frase
Un párrafo	Pulsar 3 veces con el ratón un lugar cualquier del párrafo o también Pulsar doble click de ratón a la izquierda (fuera) del texto
Un bloque grande de texto	Poner el cursor en la posición que queramos, mantener la tecla "Shift" y pulsar click donde queremos que termine la selección
Un bloque con forma libre	Mantener la tecla "Alt", hacer click con el ratón, arrastrar y soltar (prueba a aplicar un color de resaltado a la selección)
Todo el documento	Pulsar 3 veces con el ratón a la izquierda (fuera) de cualquier texto

También podemos utilizar la tecla F8 repetidas veces para seleccionar texto:

Selección	Tecla para seleccionarlo
Una palabra	Pulsar F8 dos veces
Una frase	Pulsar F8 tres veces
Un párrafo	Pulsar F8 cuatro veces
Todo el documento	Pulsar F8 cinco veces

www.ingramcontent.com/pod-product-compliance
Lightning Source LLC
Chambersburg PA
CBHW051915210526
45473CB00006B/2015